# Endlich Geld für MICH!!

P. Gerstorp

Herstellung: Books on Demand GmbH

# Endlich Geld für MICH!!

Originalausgabe
ISBN 3-8311-3420-0
© P. Gerstorp
Printed in Germany

Über die Autorin / die Idee

P. Gerstorp geboren 1962. Lange Zeit von akuter Geldknappheit betroffen - bis hin zum Insolvenzverfahren. Bis es Ihr endlich anhand des Konzeptes dieses Buches gelang, neue Prioritäten zu setzen und endlich frei zu leben vom finanziellen Druck.

Dies ist kein Konzept was funktionieren könnte. Es wurde nicht mal eben so in einer 5Minutenaktion geboren. Es war ein langer Entwicklungsprozeß. Das Konzept wurde ausprobiert, getestet - weitergereicht an freiwillige Testpersonen ...

Es funktioniert!!

*Nützlich für die Menschen ist, was ihre Bedürfnisse befriedigt.*

Ein Danke für die Menschen in meinem Umfeld, die mir zutrauten, dieses Buch zu veröffentlichen.

# Vorwort

Sie sind wieder mal pleite und fragen sich, wo Ihr Geld geblieben ist? Sie haben das Gefühl nur zu arbeiten und eigentlich nichts davon zu haben?

Jeden Monat das gleiche Dilemma, viel gearbeitet (vielleicht sogar Überstunden geschoben) und nichts davon im Portemonnaie bemerkt??

Ich will Ihnen hier nicht das goldene Paradies versprechen. Aber ich verspreche Ihnen, dass wenn Sie meine Ratschläge befolgen und einhalten, Sie endlich Herr über Ihre Finanzsituation werden und das auch noch mit

## Spaß!!!

Nicht das Geldproblem soll der Mittelpunkt in diesem Buch sein, sondern **Sie** und wie Sie es bewerkstelligen, dass Sie sich Ihre Wünsche erfüllen können **und** gleichzeitig Ihre Finanzen in den Griff bekommen.

Nein, ich werde Ihnen nicht eine Million aufs Konto überweisen und ich mache Ihnen auch nicht vor, dass Sie in einem Zeitraum von weniger als zehn Jahren Millionär sind.

**Ich möchte Ihnen einen Weg zeigen, wie Sie mit Ihrem Geld, Ihrem normalen Einkommen, Kontrolle über Ihr Chaos erhalten. Ich werde Ihnen versuchen begreiflich zu machen, warum Sie in der Situation stecken in der Sie jetzt sind und vor allen Dingen, wie Sie diesen Teufelskreis durchbrechen können.**

**Bis jetzt haben Sie, wenn Sie an Ihre finanzielle Situation dachten, meistens an Verzicht und Kürzungen gedacht. Das es auch anders geht, werde ich Ihnen beweisen.**

Sie denken jetzt vielleicht ich rate Ihnen, nehmen Sie einen Nebenjob an oder machen Sie jede Menge Überstunden, damit Sie

Ihre Schulden schneller abbezahlen können. Nein, das werde ich ganz bestimmt nicht tun. Denn erstens ist das nicht besonders befriedigend und zweitens funktioniert es auch nicht, weil Ihnen nämlich hundert Prozent etwas dazwischen kommt, und Sie nicht in der Lage sein werden Ihren gesteckten Abzahlungsplan durchzuführen. Was wiederum zur Folge hat, dass Sie noch deprimierter sein werden, als Sie es vorher ohnehin schon waren.

Ich kenne Ihre Situation nur zu genau. Besonders beklemmend empfand ich das Gefühl der Aussichtslosigkeit. Ich kam mir vor, wie in einem Irrgarten. Ich sah einfach nicht, wie ich mich daraus befreien sollte.
Das Einzige was ich sah, waren meine Nachbarn, die schon wieder ein neues Auto vor der Tür stehen hatten. Mein Auto stand währenddessen mal wieder in der Werkstatt und würde mich eine Menge Geld kosten, welches ich nicht hatte. So wurde mein überzogenes Konto noch ein bisschen mehr gequält und außerdem gibt es ja noch die netten kleinen Plastikkarten. Kein Geld mehr? Kein Problem, den nächsten Geldautomaten aufgesucht und mal kurz ein paar Hundert Euro abgehoben. Schon geht es weiter wie gehabt.

Meine Bank hatte mir einen großzügigen Dispositionskredit eingeräumt. Also nach mir die Sintflut!?!?

Überblick über meine Finanzsituation hatte ich sowieso nicht, denn Kontoauszüge guckte ich mir erst gar nicht mehr an. Warum sollte ich auch? Das ich kein Geld hatte, wusste ich auch so! Aber ich war es leid, so leid, jeden Euro umzudrehen, nur um die Kredite schneller abzubezahlen.
Ich sparte hier und da und kam doch auf keinen grünen Zweig. Und so drehte ich mich im Kreis. Jeden Monat das gleiche Dilemma. Jeden Monat wieder hier und da geknapst, nur um es am Ende des Monats doch wieder vom Konto abzuheben, weil das Geld nicht reichte.

Es musste was geschehen. Ich deckte mich in der Bücherei mit Fachbüchern bzgl. Geldmanagement ein. Aber es war frustrierend, denn solche Fachbücher beschäftigen sich meistens mit Aktienanlagen oder mit Aktienfonds. Immerhin eines lernte ich daraus, diese Bücher folgten alle einer genauen Planung, einer Strategie.

Meine Strategie, falls man das überhaupt so nennen konnte, war die, möglichst nicht in meinem Finanzchaos unterzugehen. Und die Themen wie Altersvorsorge, Aktien und Aktienfonds waren ja spannend. Nur was sollte ich damit? Ich hatte kein Geld oder dachte wenigstens nicht, dass ich welches für solche Sachen hätte.

Ich machte mir keine Sorgen über mein Alter. Oder doch? So ganz leise vielleicht. Mir ging es nicht darum Millionär zu werden. Ich machte mir in erster Linie Sorgen um das Jetzt – um das tägliche Leben. Ich kriegte schon einen langen Hals, wenn ich einen schönen Pullover sah und dachte: *„Das geht jetzt nicht.“* Mit diesem Frust lebte ich Tagein - Tagaus.

## Ich wollte endlich was von meinem Geld haben. Und Sie???

Ich habe das Rad nicht neu erfunden (übrigens alle Autoren, die sich mit dieser Materie beschäftigen auch nicht. Geldprobleme und die Handhabung derselben gibt es schon solange es Geld gibt). Aber ich möchte Sie in die Lage versetzen mit der Anwendung dieses Buches Erfolg zu haben.

Es nützt nichts jede Menge Fachchinesisch zu lesen, Sie müssen es auch anwenden können. Mit anderen Worten es muss verständlich und nachvollziehbar sein. Dieses möchte ich gerne an Sie weitergeben. Ich bin sicher Sie kommen damit zum Erfolg.

Erfolg definiert sicherlich jeder anders. Für mich bedeutet das: Ich muss mir keine Sorgen mehr über meine Finanzen mache. Gedanken sehr wohl, aber positive. Ich habe mir selber, mit Anwendung meiner Strategie, ein Gefühl der Sicherheit aufgebaut. Schön, sagen jetzt vielleicht. Kann diese Strategie auch Geld sch.....???

Das nicht direkt, aber sie bringt Sie dazu Kontrolle auszuüben. Denn wenn Sie die Kontrolle über Ihre finanzielle Situation haben, haben Sie die Möglichkeit zu entscheiden. Zu entscheiden, was Sie wirklich mit Ihrem Geld tun wollen. Können Sie sich vorstellen, dass Sie sich einen Wunsch erfüllen, ohne schlechtes Gewissen? Wäre das nicht toll? Was würden Sie dafür tun?

Aber mal der Reihe nach. Erst einmal müssen wir eine Standortbestimmung durchführen. Viele Menschen stecken in der gleichen Situation wie Sie. Glauben Sie mir, Sie sind nicht allein.☺

Wir wollen ein wenig Licht in das Dunkel bringen und herausfinden, warum Sie in diesem Dilemma stecken. Was hat Sie da rein geraten lassen?

Nehmen wir ruhig meine eigene Geschichte als Richtschnur. Da stand ich also mit meinem Talent  - kein Geld, aber dafür jede Menge Frust. Und mit der unangenehmen Aufgabe konfrontiert mir selbst ins Gesicht blicken und meine Situation zu analysieren. Vielleicht finden Sie sich hier ja wieder.☺


Warum ich an dem Punkt war, wo ich war:

1. Ich hatte nichts zurückgelegt, für eventuelle Notfälle.
2. Ich bezahlte vieles mit der EC-Karte und verlor dann den Überblick.
3. Ich hatte kein kontrolliertes Kaufverhalten
4. Ich leistete mir oft Ersatzbefriedigungen. (Mal hier ein neues T-Shirt, mal hier einen Besuch bei Mc Donalds usw. usw.)
5. Dann überfiel mich wieder Knauserei. Bis ich das leid war, und wieder einen Spontankauf tätigte.
6. Ich war darauf bedacht meine Ratenzahlungen zu zahlen, in möglichst großen Raten, was dazu führte, dass ich mein Konto überzog, weil die anderen Rechnungen ja auch bezahlt werden wollten. Ja und leben – leben musste ich ja schließlich auch noch. Mit anderen Worten ich betrog mich selber.
7. Ich war total überversichert.
8. Hatte im Gegenzug aber nichts gespart, ich sage nur Rentenloch.
9. Ich drehte mich immer wieder im Kreis. *„Du kannst dir dieses oder jenes nicht leisten. Erst musst du Deinen Kredit abbezahlt haben. Dann wird alles besser.“*
10. **Ich hatte nicht gelernt meine Wünsche wahrzunehmen und diese Wünsche in Ziele zu verwandeln.**
11. Ich bedauerte mich selber, weil ich mal wieder total pleite war. *„Warum immer ich? Und wie verdammt noch mal, machen das die anderen?“* Frust, wohin ich blickte.
12. Ich handelte nicht, sondern reagierte nur noch.

**Wachen Sie auf. Wie kommen Sie darauf, dass wenn Sie nichts tun, sich Ihr Problem auflöst?**

Es ist erstaunlich, wie sehr mich mein „Problem" im Griff hatte. Ich glaubte tatsächlich, wenn ich endlich schuldenfrei sei, wäre ich sorglos.

Ich wäre glücklich.
**Ich reduzierte mein Glück auf Rechnungen bezahlen.**

Kein Wunder, dass ich keine Lust mehr auf irgendetwas hatte. Arbeit und Rechnungen bezahlen als Lebensinhalt sind nicht gerade berauschend. Meine Lebensfreude hatte sich regelrecht in Luft aufgelöst. Natürlich nicht von heute auf morgen, eher schleichend hatte sich depressive Stimmung breit gemacht.

Dieses Gefühl kennen Sie bestimmt auch. Ganz allmählich fängt man an, kleinere Brötchen zu backen. Von den vielen Träumen, die man mal hatte, bleibt nicht viel übrig. Man ist froh wenn mal wieder ein Monat geschafft ist. Das die notwendige Autoreparatur und der Besuch mit dem Hund beim Tierarzt nur mit Hilfe des Dispokredites möglich war ... Was soll's irgendwie kriegen wir den schon wieder runter. (Wie wollen Sie das schaffen? Wenn Sie so weiter machen, wie bisher, wird sich an Ihrem Minus auf dem Konto gar nichts ändern.).
Und schon wieder geht die ganze Sache von vorne los.
Selbstbetrug gehört zur Tagesordnung. Hauptsache den Kopf über Wasser halten, Augen zu und durch. Aber wohin???

# Kredite und Dispos sind an der Tagesordnung

Wenn ich Freunde auf die Geldknappheit ansprach erntete ich nur Schulterzucken: *„Glaubst Du mir geht es anders??? Aber irgendwie kriege ich immer die Kurve."* Das war noch das Beste, was ich zu hören bekam.

*„Die Kurve kriegen, ich will nicht nur die Kurve kriegen, ich will mir mal was leisten können. Mal ein Teil kaufen ohne ein schlechtes Gewissen zu haben."* So oder so ähnlich waren meine Gedanken, wenn ich diesen Ausspruch hörte.

Je mehr ich mich mit der Materie beschäftigte, um so mehr wurde mir klar, dass das nicht nur mein Problem war, sondern regelrecht eine Volkskrankheit. Man hatte unserer Generation nicht beigebracht, mit Geld im **positiven** Sinne zu wirtschaften. Und wenn man den Statistiken glauben darf ist die Generation nach uns, noch schlimmer dran. Sie fängt erschreckenderweise schon in der Jugend an Kredite aufzunehmen und Verträge abzuschließen (siehe z. B. Handyverträge deren Kosten sie gar nicht decken können, da sie teilweise noch zur Schule gehen).

Mein erster Schritt ins Chaos, war übrigens, dass ich einen Kredit aufnahm, um meine erste Wohnung einzurichten. Heute kann ich darüber nur mit dem Kopf schütteln. Aber damals war ich jung und ich hatte auch nicht die großen Ratgeber an meiner Seite, die mich mal darauf hingewiesen hätten, dass man sich Möbel auch aus zweiter Hand besorgen kann. Doch dabei blieb es nicht. Zu allem Überfluss kauften wir auch noch ein Haus, und zwar voll finanziert von der Bank. Das folgende Fiasko war vorprogrammiert. Da wir uns nie großartig um Haushaltsplanung gekümmert hatten, ging das Schiff irgendwann mal leck und dann ging es sang und klanglos unter. Wir waren nicht mehr in der Lage unsere Gläubiger zu befriedigen, und das Haus kam unter den Hammer. Und alles was so hoffnungsvoll begonnen hatte endete in einem totalen Chaos. Die finanziellen Probleme machten vor dem Privatleben nicht halt, die Scheidung folgte.

Das ist ein weiteres Problem, mit dem man nicht gerade hausieren geht. Familien, Beziehungen oder auch die Einzelpersonen die in einem finanziellen Chaos stecken, stehen permanent unter Stress.

Schön, jetzt haben Sie also gesehen, dass es einer ganzen Menge anderer Menschen genauso geht wie Ihnen. Sie sind nicht allein mit diesem Problem. Aber wenden wir uns jetzt mal Ihnen zu. Konzentrieren wir uns auf Sie.

Warum stehen **Sie** da, wo Sie sind?

Versuchen Sie ehrlich zu sich selbst zu sein. Selbstmitleid wird Ihnen nicht weiterhelfen. Wir werden gemeinsam versuchen, Ihre bisherige Vorgehensweise, in Einzelteile zu zerlegen, um dann Wege zu finden, wie Sie Ihre Zukunft positiv verändern können.

Bemühen Sie sich in ihrem privaten Umkreis die Sprachkanäle zu öffnen, reden Sie mit Ihren Freunden und Beziehungspersonen über Ihre Situation.

Das ist nicht leicht. Man redet über Arbeitskollegen, man redet über die Kinder, man redet über Sex, nur über seine Schulden bzw. sein finanzielles Chaos redet man selten bis nie. Schulden sind ein riesiges Tabuthema bei uns. Frei nach dem Motto: *„Über Geld redet man nicht, Geld hat man."*

Die Tabuisierung von Schulden und die Sprachlosigkeit die sich bei diesem Thema entwickelt hat, macht es uns außerordentlich schwer, sich im positiven damit auseinander zu setzen. Da jeder sein eigenes Süppchen kocht und meint er stände alleine mit diesem Problem da, stellt sich schnell ein Schamgefühl ein.

Sich eingestehen zu müssen, dass er oder sie, nicht mit Geld umgehen kann, gleicht einer Niederlage. Viele Menschen neigen dann dazu die „Schuld" abzuwälzen. Besonders beliebt sind „die Umstände" in denen man sich befindet zum Beispiel:

*„Ich habe nicht den richtigen Job, mit dem richtigen Gehalt."* (Was hindert Sie daran einen neuen Job zu suchen?)

*„Ich kann schon mit Geld umgehen, aber dann kam mir dieses und jenes dazwischen. Und das hat mich dann total aus der Bahn geworfen."* (O. K. dann fangen Sie jetzt eben neu an, Sie

können natürlich auch auf dem Boden liegenbleiben. Es wird Sie nur keiner aufheben).

Dieses und ähnliches ist weit verbreitet.

Viele streichen auch ganz die Segel, wenn es ums Geld geht, nach dem Motto: *„Ich konnte noch nie mit Geld umgehen, und das werde ich auch niemals lernen."*

Und einige bedauern sich einfach nur noch: *„Egal was ich anpacke, nichts klappt."*

Diese ganzen Phasen kenne ich alle. Aber es nützt nichts, Sie können 99 mal auf dem Boden liegen, auch zum hundersten Mal müssen Sie aufstehen. Oder anders ausgedrückt: Lesen Sie das Buch, nehmen Sie Ihr Leben in Ihre Hände und fangen Sie an.

Wenn andere so tun als gäbe es das Thema „Finanzproblem" nicht für sie, O. K. **Aber ab heute nicht mehr mit Ihnen.**

# Das AHA Erlebnis

Meine Gedanken kreisten immer nur um Geld und wie ich es zu beschaffen gedachte. Ich sah ständig diesen Berg Rechnungen vor mir.

Und irgendwann machte es „Klick". O. K. ich könnte es schaffen, diesen Berg zu verringern. Aber unweigerlich würde dieser Berg auch wieder anwachsen. Es sei denn, ich würde aufhören zu atmen. Mit anderen Worten, ich konnte mich so sehr anstrengen, wie ich wollte. Ich werde immer Rechnungen zu begleichen haben. Und vor allen Dingen, dies nimmt nie ein Ende. Es werden immer wieder „Sorgen" in das eigene Leben treten.
Im weitesten Sinne kann man das auch auf Rechnungen und Verpflichtungen übertragen.

**Ich und Sie werden immer Verpflichtungen haben.**
(Miete, Steuern für Ihr Haus, der Unterhalt der Familie usw. usw.)

Meine Situation war die gleiche geblieben, aber ich betrachtete mein Leben auf einmal aus einem völlig anderen Blickwinkel.
Nun vielleicht hat es bei Ihnen jetzt noch nicht „Klick" gemacht. Haben Sie ein wenig Geduld. Bleiben Sie am Ball und lesen Sie weiter!

# Herausfinden was Sie wollen!

*„Ich kann mich abrackern, wie ich will, ich komme einfach nicht auf einen grünen Zweig."* Diesen Ausspruch kennen Sie bestimmt auch. Trifft er auf Sie zu?

Ich glaube, dass die meisten Menschen sich wirklich bemühen weiterzukommen. Nur sie wenden nicht die richtigen Mittel an, um dieses zu erreichen. Aber auf der anderen Seite sehen Sie tagtäglich Menschen für die das kein Problem zu sein scheint. Woran liegt das?

Stellen Sie sich einen Ast vor, an dessen Ende viele Knospen treiben. Ihre Wünsche sind diese Knospen. Nur Ihr Ast ist sehr kümmerlich und Ihre Knospen sind sehr schwach und gedeihen nicht so richtig. Bei demjenigen, dem scheinbar alles gelingt, sind nur wenige Knospen an einem starken Ast, einige sind sogar schon auf dem Weg ein richtiges Blatt zu werden. Sie wachsen prächtig.

Die Knospen stellen Ihre Träume dar, Sie haben so viele. Aber leider keine Strategie (ein schwacher Ast) und deswegen rackern Sie und rackern Sie, aber Ihre Knospen wollen einfach nicht groß werden. Und nun?

Dieses Buch geht einen anderen Weg, als Sie es vielleicht erwartet haben. Es soll kein Buch sein, welches Sie einfach nur konsumieren. Sie sollen damit arbeiten, sich auseinander setzen. Ich möchte Sie dazu bringen, sich zu bewegen.

Mir geht es darum, Sie dazu zu verleiten, darüber nachzudenken, was Sie eigentlich wollen.

*„Ich soll über meine Wünsche nachdenken? Ich will mein Geldproblem lösen. Für Tagträumereien habe ich keine Zeit. Ich muß Knete ranschaffen.*
*Ich kann nicht einfach so machen, was ich will. Ich habe Verpflichtungen."*

Ich verstehe Ihren Standpunkt, denn natürlich haben Sie diese Verpflichtungen. Aber die werden Sie immer haben. Sie werden immer Rechnungen haben bzw. verursachen.

Uns wird von Kindesbeinen an, ein toller Mythos mit auf den Weg gegeben: Bist du schuldenfrei, bist du sorglos und frei von Verpflichtungen.

**Es gibt den Zustand von Verpflichtungen frei zu sein nicht. Das ist eine Illusion.**

Sie werden immer Miete zahlen oder wenn Sie ein Haus besitzen werden Sie immer Grundsteuer etc. bezahlen müssen.

**Sie haben immer irgendwelche Verpflichtungen. Sie müssen immer Sorge tragen und wenn es nur um Ihr Essen geht.**

Durch diese Erkenntnis werden Ihre Schulden nicht weniger. Aber Sie sollten sie sehen, als das was sie sind, eine Verpflichtung wie jede andere auch. Nicht mehr - nicht weniger. Es ist nichts, das Sie so in den Würgegriff halten sollte, wie es das jetzt **noch** tut.

Der erste Schritt freier im Umgang mit Ihrem Geld zu werden, ist der sich zu fragen, was Sie wollen. Wovon träumen Sie? Was würden Sie gerne mal machen?

Nein ich habe keinen neben mir laufen. Ich suche nach der Triebfeder.

**Genauer ich suche nach Ihrer Triebfeder. Denn nur wenn Sie ein Ziel finden, welches Sie wirklich motiviert, werden Sie handeln.**

Wie viele von Ihren gesteckten Zielen haben Sie erreicht? Und wie viele nicht? Was unterscheidet die erreichten Ziele von denen, die Sie nicht erreicht haben?
Waren diese zu unrealistisch? Oder hat, was viel weiter verbreitet ist, die Erfüllung dieses Wunsches Sie nicht genügend motiviert?
Oft ist es nämlich so, dass wir einen Wunsch im Kopf haben, der bei genauer Prüfung gar kein Motivationspotential bei uns freisetzt, mit anderen Worten, er ist uns nicht wichtig genug.

Nicht wichtig genug, um das erforderliche Handeln auszulösen.

Und dieses Buch soll Sie zum Handeln bringen, Sie dazu bewegen nachzudenken, Ziele zu stecken, Strategien zu entwickeln, um dann darauf loszumarschieren.

Vielleicht geht es Ihnen so wie mir. Ich war so festgefahren in meiner Geldspirale und in der damit einhergehenden Frustration, dass mir einfach nichts einfiel. Ich war schockiert über mich selber. Ich war so damit beschäftigt meine Schulden zu zahlen und mich über Wasser zu halten, dass ich selbst und meine Wünsche gar nicht mehr da waren.

**Ich hatte Verantwortung für meine Schulden übernommen aber für mich und meine Wünsche???**

Wieviel Energie hatte ich in mein Finanzdesaster gesteckt? So viele schlaflose Nächte und Kopfzerbrechen. Aber in meine Träume und Ziele ging so gut wie gar keine Energie rein. Da war einfach nichts mehr übrig. Das sollte es jetzt gewesen sein?

Erkennen Sie sich wieder? Wieviel Energie haben Sie in die Verwirklichung Ihrer Träume gesteckt? Wo glauben Sie wären Sie, wenn Sie anstatt Ihre Energie in Ihr „Geldsyndrom" zu stecken, diese in Ihre Wünsche und vor allen Dingen in deren Erfüllung gesteckt hätten?

Ich habe auch viel Energie verschwendet, wenn man so will. Aber jetzt wollte ich dieses ändern.

Es verging einige Zeit bis ich mir gestatten konnte, mir selbst etwas zu wünschen und auch das ging nicht ohne ein gewisses Unbehagen. Schließlich waren da ja noch meine Schulden. War es nicht geradezu unmoralisch, dass ich mir etwas gönnte, obwohl da noch dieser riesige Berg von Schulden war?

Aber irgendwann machte es doch noch in meinem Innern „Klick". Es würde keiner an meine Tür klopfen und mir eine

Million überreichen. Es würde auch keiner an meine Tür klopfen und die **positiven** Entscheidungen für mein Leben treffen. Das musste ich schon selber tun oder alles würde so bleiben wie es war.

Wenn ich mein bisheriges Leben unter die Lupe nahm, fiel auf, dass alle finanziellen Entscheidungen, irgendwie immer auch von anderen getroffen worden waren. Auch wenn ich letztendlich unterschrieben hatte, z. B. bei einem Ratenkredit, gab es eine ganze Menge Menschen, die zu wissen schienen, was gut für mich war. Und ich war zu naiv und vielleicht auch einfach nur zu bequem, um mich selber schlau zu machen. Mir selber die nötige fachliche Kompetenz anzueignen, um dann selber entscheiden zu können.

Aber das Kind war jetzt nun mal in den Brunnen gefallen. Ich konnte in diesem Zustand verharren oder anfangen Verantwortung im positiven Sinne für mich zu übernehmen.

Und da war die Frage nach meinen Träumen der rechte Anfang. Ich dachte lange nach, bis ich all die Träume meines Lebens zusammen gesammelt hatte. Von der Weltreise mit dem Fahrrad bis zur eigenen Firma, beruflicher Erfolg, eine tolle Familie – kurz und gut, ich wollte ein schönes, ausgefülltes und finanziell sorgenfreies Leben genießen. Aber irgendwie hatten sich diese Träume im Laufe der Jahre in Luft aufgelöst. Statt happy durchs Leben zu gehen, hatte ich das Gefühl jeden Tag in die Schlacht zu ziehen. Aber es war noch nicht zu spät. Ich fing an in der Realität meine Träume in Ziele umzuwandeln.

# Der Unterschied zwischen Träume und Ziele!

Jeder kennt das von sich. Seinen Tagträumen nachzuhängen –
*„Ach wäre es nicht schön jetzt auf Hawaii zu sitzen und nicht
mehr arbeiten zu müssen ... "*
*„Das neue Cabrio von XY ist ja so toll. Das hätte ich auch ger-
ne. "*

Warum fahren Sie dann jetzt nicht das tolle Cabrio oder sitzen
auf Hawaii??

**Weil es ein Traum ist. Ein Traum, der immer einer bleiben
wird, wenn Sie ihn nicht in ein Ziel umwandeln.**

Im Prinzip geht es bei der ganzen Finanz- und auch Lebenspla-
nung nur um drei Dinge:

---

**1. Herauszufinden was Sie wollen.**

**2. Dieses dann zu Ihrem Ziel zu erklären.**

**3. Aufgrund Ihrer Zielsetzung zu handeln.**

---

Drei kleine Punkte, deren Umsetzung aber sehr schwer ist.

Es ist sehr einfach immer zu sagen, der andere hat einen besseren Job. Der andere hat mehr Geld, (Ist das wirklich so? Oder
hat er einfach nur aus seinem Traum ein Ziel gemacht?). Ent-
bindet uns diese Sichtweise nicht, selber nach Lösungen zu suchen?

Einer der Hauptschwierigkeiten ist es, Träume in Ziele umzuwandeln.
Träume bleiben immer solche, wenn man sich keine Strategie
überlegt, wie man sie verwirklichen kann. Man könnte es mit

einer Leiter vergleichen, die man hochklettern will. Die einzelnen Stufen zu benennen wäre die Strategie und sie dann auch hochzusteigen, wäre die notwendige Handlung, um auch das Ziel zu erreichen.

Aber wir wollen hier nicht das Pferd von hinten aufzäumen. Erst einmal müssen Sie für sich herausfinden, was Sie wirklich wollen. Und Sie werden feststellen, das ist gar nicht so einfach. Und wenn man ehrlich zu sich selber ist, (was unerlässlich ist) entpuppt sich so mancher Wunsch als Luftschloss. Ein Traum eben - das ist auch gar nicht schlimm, denn man kann sich gar nicht alle Träume erfüllen. Nicht alle Träume sind es einem auch wert in eine „Leiter" umgewandelt zu werden. Manche Reise mache ich einfach auch nur in meinem Kopf, weil ich mir irgendein Reisemagazin ansehe und ich sage: *„Ooh ist das toll. Da wäre ich auch gerne mal."* Aber genau unter der Lupe betrachtet, wäre mir das Reiseziel gar nicht der Aufwand wert. Ich würde diese Reise nicht an die erste Stelle meiner Prioritätenliste (Siehe Kapitel „Prioritäten überdenken") setzen und dadurch logischerweise, meinen bisherigen Favoriten einen Platz tiefer ansiedeln. Nein, so wichtig ist es dann doch nicht. Ein schöner Traum eben.

Wenn Sie Ihre Lebenssituation aus diesem Blickwinkel betrachten, verändert sich einiges. Das, was mir am meisten dabei gefiel, war die Tatsache, dass es mir nun völlig wurscht war, ob mein Nachbar ein neues Auto fuhr oder nicht.
Ich wusste jedenfalls, dass ich nicht 500 Euro (s. Kapitel „Das Neuwagensyndrom") oder gar mehr pro Monat in ein lebloses Ding stecken wollte.
Ich wollte andere Dinge. Dinge die mir damals wichtig waren und heute auch noch sind. Was das für Sie ist, dass ist Ihre große Fleißaufgabe. Aber wenn Sie Ihre Ziele gefunden haben wird Ihnen manches leichter erscheinen.
Sachen von denen Sie glaubten, dass sie total erstrebenswert wären, erweisen sich häufig als ein Luftschloss. Und nach und nach werden Sie freier. Sie gönnen Ihrem Nachbarn sein Auto, weil Sie sich schließlich auf den Weg machen, Ihre eigenen Ziele zu verfolgen.

Sie werden lockerer, weil es nämlich keinen Grund mehr gibt, hinter den Errungenschaften anderer herzuhecheln. Sie müssen sich einfach nur fragen, ob diese Errungenschaft es Ihnen wert wäre, auf Ihrer Prioritätenliste an erster Stelle zu stehen. Ist Ihr neuer Wunsch es Ihnen wirklich wert, Ihren bisherigen „Favoriten" von der Spitzenposition zu verdrängen? Wenn nicht, tja dann tschüss.

**Und wie finde ich nun heraus was ich will?**

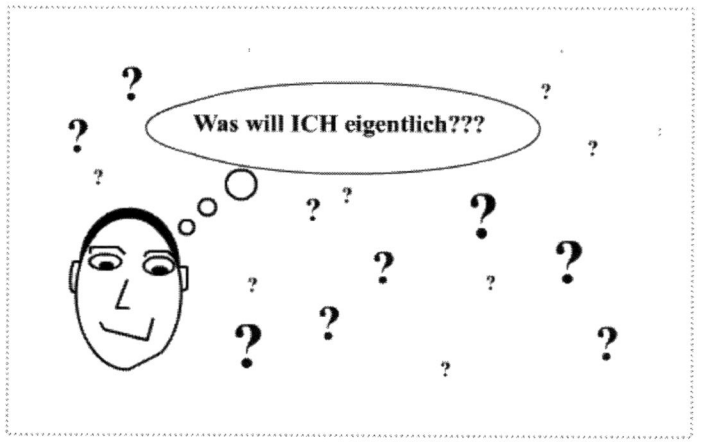

Bei mir hat sich folgendes gut bewährt.

Zuerst mögen Ihnen vielleicht drei, vier oder auch mehr tolle Wünsche auf den ersten Blick einfallen. Schreiben Sie sie sich auf.

Ein Beispiel:
1.  Urlaub
2.  Neues Sofa
3.  Kurztrip für's Wochenende / raus aus dem Alltag

Legen Sie diesen Zettel gut sichtbar in Ihre Wohnung (Küchen- oder Wohnzimmertisch), so dass Sie immer mal wieder einen Blick darauf werfen können.
Gehen Sie sozusagen mit Ihren Wünschen „schwanger".
Versuchen Sie sich alle Einzelheiten vorzustellen, und schreiben Sie auch diese mit auf. Dann sieht Ihre Liste z. B. so aus.

1.  Urlaub: Eine Reise nach Südfrankreich (incl. einer Flusswanderung und einer Burgentour).

2.  Neues Sofa aus Leder oder Stoff, mit passenden Kissen oder Sie haben ein Bild aus einem Prospekt
3.  Kurztrip nach London (eine Wochenend - Flugreise incl. einem Musicalbesuch).

Der Zettel wird immer voller. Ihre Phantasie immer mehr angeregt.

Jetzt versuchen Sie für sich herauszufinden, was Ihnen am meisten am Herzen liegt. Welche Wunscherfüllung würde Sie am meisten begeistern? Schauen Sie immer mal wieder auf Ihren Wunschzettel.
Fragen Sie sich jedesmal. *„Was wäre der wichtigste Wunsch?"*
Was würde **Sie** am meisten erfreuen??
Nicht Ihre/n Frau/Mann, Ihre Kinder oder Hans und Franz, sondern **Sie**!!!!!

**Ich wollte mir erst einmal ein Erfolgserlebnis verschaffen. Mich und meine Strategie bestätigen**.

Was für Sie vielleicht Ihr neues Sofa oder eine Reise ist, war für mich ein Kanu.
Ein Kanu zu haben, würde mich mit Freude erfüllen. Ich liebe das Hingleiten auf dem Wasser. Ich hatte meine Motivation gefunden☺
**Und was würde Sie motivieren???**
Vielleicht suchen Sie sich etwas aus, bei dem Sie nicht eine so große Hemmschwelle haben, es sich zu erfüllen. Aber es muß etwas sein, an dem Ihr Herz hängt. Sie haben was gefunden? Prima dann schreiten Sie zur Tat.

## Aktiv werden oder wie Ihr „Traumglas" Ihr Leben verändert

Haben Sie den letzten Satz gelesen? „Dann schreiten Sie mal zur Tat." **Werden Sie aktiv.** Entwinden Sie sich aus der Umklammerung der Rechnungen. Tun Sie was für **sich.**

Wie lange ist es her, dass Sie bewusst eine positive Entscheidung für sich gefällt haben?

Ich helfe Ihnen dabei. Wir fangen ganz klein an. Dazu brauchen wir einen durchsichtigen Behälter zum Beispiel ein Marmeladenglas, einen Zettel, Tesafilm und einen Stift. Suchen Sie alles Kleingeld, was Sie finden können und stecken Sie es in dieses Glas. Beschriften Sie es und kleben Sie den Zettel gut sichtbar auf das Glas.

**Tun Sie es!!!**

*„Das kann doch nicht wahr sein, jetzt soll ich hier Kleingeld sammeln. Sie verstehen nicht: Ich habe Schulden, **Schulden** und die werde ich nicht mit einem Kleingeldglas los!!! **Verstehen Sie ich bin pleite!!!"***

**Das stimmt. Aber darum geht es auch jetzt nicht. Hier geht es jetzt nur darum, etwas bewusst für sich selber zu tun.**

Sie sollen sich gestatten, etwas in Ihren Augen vielleicht unverantwortliches zu tun, nämlich an sich selbst zu denken. Ich möchte Ihnen helfen Kontrolle über **Ihr Geld** zu finden.

**Ich verspreche Ihnen, dass Sie Erfolg haben werden.**

Also:
1. Entdecken Sie den Wunsch, dessen Erfüllung Sie motiviert.
2. Beschriften Sie einen Zettel mit Ihrem Wunsch. Es ist sehr wichtig das Glas mit diesem Wunsch zu versehen. Wenn Sie das Geld in ein Glas schmeißen, welches namenlos rumsteht, wird Ihre Motivation verpuffen.

3. Nehmen Sie ein Glas und kleben Sie den Zettel darauf (vielleicht haben Sie ja auch ein Bild von Ihrem Wunsch zum Beispiel aus einem Katalog.).
4. Stecken Sie alles Kleingeld, was Sie finden können in dieses Glas.
5. Stellen Sie das Glas gut sichtbar auf.
6. Ab sofort stecken Sie alles Kleingeld in dieses Glas. Nach jedem Einkauf, den Sie getätigt haben, nehmen Sie das Kleingeld aus Ihrer Geldbörse und schmeißen es in Ihr Wunschglas. Vorbei sind die Zeiten, als Sie auf den Cent genau bezahlen wollten. Kleingeld produzieren ist jetzt angesagt.☺ Sie werden es wachsen sehen. Sie sehen, wie Sie Ihrem Traum ein Stück näher kommen.
7. Durch das ständige Wachsen des Betrages werden Sie motiviert. Sie werden bemerken, dass Sie anfangen, jede Münze, die Sie finden können, in dieses Glas zu stecken. **Und dass es Ihnen Spaß macht.**

Sie schütteln jetzt vielleicht den Kopf und tippen sich an die Stirn. Schließlich haben Sie schon immer Kleingeld gesammelt. Und es hat Sie nicht reicher bzw. glücklicher gemacht.

Das glaube ich Ihnen. Es gibt nur einen entscheidenden Unterschied, Sie hatten dabei kein Ziel. Es gab keine Motivation.
Sparen löst zudem noch den Gedanken des Langweiligseins aus. Das ist auch kein Wunder. Bis jetzt haben Sie Ihre Münzen ja auch völlig unmotiviert in ein Sparschwein oder was Sie sonst benutzt haben geworfen.
Glauben Sie mir: Es funktioniert. Es ist so, als wenn Sie eine lange Strecke vor sich haben. Machen Sie einen Schritt (füllen Sie **Ihr** Wunschglas). Gehen Sie los, Sie werden ankommen.

**Fangen Sie an. Was haben Sie zu verlieren???**

Lassen Sie nicht zu, dass Ihre Wunscherfüllung ein Lippenbekenntnis bleibt. Und schon bald machen Sie sich selbst ein tolles Geschenk.☺
Eine simple Methode, die den bestechenden Vorteil hat, dass sie wirkt. Nur mit positven Nebenwirkungen!!

Wenn Sie es nicht tun, bleibt alles so wie es ist. Das wollen Sie aber nicht.

Übrigens mein Kanu besitze ich längst. Ich hatte mein Erfolgserlebnis. Und ich verschaffe mir immer wieder welche. Habe ich mein Ziel erreicht, suche ich mir ein neues. Momentan starte ich ein neues Wunschglas, aber davon später☺

Beginnen Sie jetzt Ihrem Leben eine positive Wendung zu geben! Gehen Sie los. Machen Sie den ersten Schritt. Es ist wie beim Jogging - Sie werden fitter. Wie das?

Je mehr Sie sich mit Ihrem Wunsch auseinandersetzen, um so einfallsreicher werden Sie. Sie werden sich das Geld zum Teil durch Ihre täglichen Kaufentscheidungen beschaffen, die Sie nach dem Lesen dieses Buches nie mehr so unbedarft, wie vorher tätigen werden. Hier liegt ein riesiges Wunscherfüllungspotential, dessen Aktivierung Sie zur Erfüllung Ihrer Wünsche nehmen. (Siehe Kapitel „Unser Kaufverhalten")

Dieses Geld ist für Sie. Für keinen sonst. Nicht für die Bank oder sonst jemanden. Untergraben Sie nicht Ihre eigene Motivation. Sie sind das Wichtigste.

**Wenn Sie sich nicht Ihre Wünsche erfüllen – wird es keiner für Sie tun.**

Auf der einen Seite können Sie das Wunschglas durch creative Ideen auffüllen. Oder auch einen Teil durch Sondereinzahlungen tätigen (Urlaubsgeld, Weihnachtsgeld etc. Dazu mehr bei der Budgetplanung).

**Aber Vorsicht!!! Fangen Sie erst mal klein an.** Ein typischer Fehler von uns Menschen ist nämlich, zuviel auf einmal zu wollen. Sie fangen nicht mit einem Traumglas an, sondern mit vieren oder noch mehr, und wundern sich dann, dass das nicht funktioniert.

Sie verschaffen sich so wieder einmal die Bestätigung, dass nichts klappt, und sich mit Geld auseinander zu setzen ist eben überhaupt nicht Ihr Ding. Und schwups sind Sie wieder in Ihrem eingefahrenen Rhythmus.

**Aber diesmal läuft das anders. Sie wählen sich ein Ziel und Sie werden es erreichen!!!**

Das Wichtigste ist uns zu fragen, was wir wirklich wollen und dann **danach zu handeln**. Wobei das Handeln, vielleicht eines der schwersten Dinge ist. Aber ich möchte Sie dazu bringen – **sich selbst als das Wichtigste in Ihrem Leben zu sehen**. Sie verdienen es, sich Ihre Wünsche mit **Ihrem Geld** zu erfüllen.

Schließlich haben Sie hart dafür gearbeitet.

Interessanter Weise fällt es uns viel leichter anderen Wünsche zuzugestehen als uns selber. Aber glauben Sie mir, Sie nehmen keinem etwas weg, wenn Sie lernen auch an sich zu denken. Ganz im Gegenteil! Sie werden zufriedener. Ihr seelischer Zustand ausgeglichener, was dazu führen wird, dass Sie im allgemeinen ein angenehmerer Zeitgenosse werden.

Manchmal kann es allerdings auch passieren, dass Ihre Umwelt, nicht so begeistert von Ihrer Bewusstseinsveränderung ist, wie Sie selber. Wenn Sie ein Typ sind, der bis jetzt versucht hat, auf Kosten des eigenen Wohlbefindens, es allen recht zu machen werden Sie wohl kaum Rosen auf Ihren neuen Weg gestreut bekommen. Denn zwangsläufig bringt ein Denken hin zu sich selbst, die Mitmenschen ein wenig aus dem Konzept. Die anderen werden sich halt daran gewöhnen müssen. Lassen Sie sich auf keinen Fall von Ihrem neuen Weg abbringen. Erfüllen Sie sich Ihren gesteckten Wunsch. Und genießen Sie Ihren Erfolg.

Ganz nebenbei haben Sie auch noch Ihrem Selbstwertgefühl ein ganzes Stück auf die Beine geholfen. Sie haben sich ein Ziel gesteckt und erreicht. Sie gehen wieder mit etwas geraderem Rücken durch die Welt.

Mit jedem erfüllten Wunsch werden Sie feststellen, dass Ihr Selbstwertgefühl weiter wächst. Sie beweisen sich immer wieder aufs Neue, dass Sie in der Lage sind, positive Entscheidungen für sich zu treffen.

Und diese positive Erfahrung wird früher oder später auf andere Lebensbereiche übergreifen.

Warten Sie es ab.

**Prioritäten überdenken**

Gut, jetzt haben Sie Ihr Traumglas, aber Ihre Schulden haben Sie immer noch. Und Sie kommen immer noch nicht mit Ihrem Geld vorne und hinten aus.

Kommen wir wieder auf meine eigene Geschichte zurück. Ich nahm mir in einer ruhigen Minute ein Blatt Papier und versuchte mir eine Liste von den Dingen zu erstellen, von denen ich dachte, dass sie auf jedenfall bezahlt werden müssten.
Dabei ergab sich dann folgendes Bild:

1. **Ratenzahlung:** Mir wurde, sowie fast jedem von uns schon als Kind eingebleut, dass man seine Schulden abzubezahlen hat. Und das so schnell als möglich. Da ich Ratenzahlungen zu leisten hatte, hatte ich das Bestreben, diese so schnell, wie nur irgend möglich los zu werden. Das war das Wichtigste. Diese Summe wurde als erstes von meinen Konto jeden Monat abgebucht.
2. **Miete / Pacht:** Die Miete, Hypothek oder Pacht die in der Regel jeden Monat anfällt, sind natürlich unbedingt zu leisten, es sei denn Sie wollen eines Tages auf der Straße stehen. Also an diesem Punkt, gab es für mich nichts zu rütteln. Das Geld wechselte jeden Monat brav seinen Besitzer.
3. **Gas / Strom / Wasser (Nebenkosten):** Ein warmes Nest, darauf wollte ich selbstverständlich nicht verzichten.
4. **Telefon:** (Festnetz und Handy)
5. **Essen**
6. **Auto:** Wie sollte ich mich sonst bewegen? Ich wollte nicht den sozialen Tod sterben, der unweigerlich eintreten würde, wenn ich kein Auto hätte. Davon war ich damals felsenfest überzeugt.
7. **Bekleidung:** Nackt durch die Welt laufen, konnte ich ja nicht. Aber ich legte zu diesem Zeitpunkt nicht so viel Wert auf mein Äußeres. Da ging nicht so viel Geld weg.
8. **Sonstiges:** (Vereinsbeiträge, Abos usw.)
9. **Ich:** (Meine Wunscherfüllung) Tja, wenn ich alles bezahlt hatte, von dem ich glaubte, dass es ungeheuer wichtig wäre, blieb für mich nichts übrig.

Der letzte Punkt ist eigentlich der wichtigste, um überhaupt Spaß am Leben zu empfinden, um einen Sinn für sich zu erkennen, jeden Morgen zur Arbeit zu gehen. Regelmäßig wurde der allerdings von mir gestrichen, nämlich jedesmal dann, wenn etwas dazwischen kam. Und das war eigentlich jeden Monat der Fall. Die Telefonrechnung war höher als erwartet, mein Auto gab mal wieder den Geist auf usw.

Und jetzt kommt wieder der Punkt mit den Verpflichtungen zum Tragen.

**Wenn ich immer Verpflichtungen haben werde, warum stehe ich dann an letzter Stelle?**

Überlegen Sie doch mal. Auch wenn Sie keine Ratenzahlungen leisten müssen, Sie müssen Verpflichtungen erfüllen, damit alles seinen geregelten Gang geht. Aber Sie haben nicht nur Verpflichtungen Ihrem Vermieter oder wem auch sonst gegenüber. Zuallererst haben Sie die Verpflichtung sich selbst gegenüber. Wenn Sie nämlich nicht für sich gut sorgen, wird es kaum ein anderer tun.
Diese Erkenntnis traf mich wie ein Keulenschlag. Doch ich sage Ihnen damit ja eigentlich nichts Neues. Sie wissen im Stillen ganz genau, dass es so ist.

Komischerweise prallt diese Erkenntnis aber an uns ab. Wir sind schon so mit dem Erledigen angeblich total wichtiger Sachen beschäftigt, dass wir dieses kleine Aufmucken in unserem Innern schlicht tot schweigen. Aber so wollte ich nicht weiter machen!!!

# Stopp!!

# Erst komme ICH!!

**Ich beschloss MICH an erster Stelle zu stellen, und damit ein für alle Mal klarzustellen: Ich bestimme wann, wieviel Geld ausgegeben wird.**

Außerdem bin ich der Meinung, dass mein Dach über den Kopf wichtiger ist, als eine Ratenzahlung bei der Bank. Ich komme auch hier meinen Verpflichtungen nach. Aber wie, das sehen Sie gleich.

Also sah meine Prioritätenliste auf einmal ganz anders aus:☺

1. **ICH (meine Wünsche und Träume)**
2. Miete / Pacht
3. Gas / Strom / Wasser (Nebenkosten)
4. Ratenzahlung
5. Telefon
6. Auto
7. Essen
8. Bekleidung
9. Sonstiges

Ich höre schon jetzt Ihren Aufschrei.

**Nur ich sage Ihnen, wenn Sie sich nicht selbst als wichtigstes in Ihrem Leben sehen – wer sollte es sonst tun??**

Sie glauben das geht nicht?? Es funktioniert nicht?? **Es geht!!!** Bei Ihrem Gläsertag (ich komme gleich darauf was das ist) werden Sie es ganz einfach **tun**! Und wissen Sie was? Wenn Sie Ihre Skrupel überwunden haben, werden Sie sich großartig fühlen.

Ich sage nicht legen Sie einen hohen Betrag zurück. Ich sage nur nehmen Sie einen Betrag, bei dem Sie sicher sind, dass Sie ihn aufbringen können.

*„Wie aufbringen? Ich will hier nichts aufbringen. Sie sollen mir sagen wie ich mehr Geld für mich bekomme!!! Ich kann kein Geld aufbringen. Ich bin pleite. **Pleite!!!**"*

**Das kann ich nicht!!!**

Wenn Sie das sagen, sagen Sie im Grunde genommen: Ihre Verpflichtung Ihrer Bank, Ihres Vermieters etc. ist größer, als die sich selber gegenüber. Andere sind wichtiger als Sie. Das ist der Knackpunkt. Darum dreht sich alles. Andere bestimmen was wichtig ist. Sie reagieren nur (sprich arbeiten und leisten brav Ihre Zahlungen).

**Werden Sie aktiv! Sagen Sie, wo es mit Ihrem Geld / Leben langgehen soll!!!!**

## Die „Ganz- oder Gar nicht Denkweise"

Viele Stolpersteine liegen auf dem Weg desjenigen, der sich selbstverantwortlich seiner finanziellen Situation stellen will. Zum Beispiel das typische „Alles oder Nichts Denken."

*„Mein Gott ich könnte höchstens 10 Euro im Monat, für mich abzwacken. Das ist doch nichts!!!!"*

Wollen wir mal sehen:
10 Euro im Monat machen 120 Euro im Jahr. 120 Euro!!! Komm' geben Sie sie mir, ich werfe Sie dann in den Mülleimer. Würden Sie, wenn Sie 120 Euro in der Hand hätten, Sie einfach wegschmeißen??? Natürlich nicht! Es mag sich für Sie nicht viel anhören, aber aus diesen 10 Euro pro Monat würden in 10 Jahren bei nur 4% Zinsen 1445 Euro.

Also auch Kleinvieh macht Mist! Aber dazu werde ich später noch ausführlicher kommen.

Das diese Denkweise des „Ganz oder Gar nicht" weit verbreitet, und auch bei den Menschen, die tatsächlich viel Geld zur Verfügung haben nicht selten ist, veranschaulicht folgendes.

Ich bin mit einem Paar befreundet, welches eigentlich sehr viel Geld (mehr als 5000 Euro / Monat) zur Verfügung hat. Das ist für mich immer noch eine sehr hohe Summe. Trotzdem schaffen Sie es nicht, Geld anzusparen. Es rinnt Ihnen regelrecht durch die Finger. Nur an Ihren zwei teuren Autos kann man augenscheinlich wahrnehmen, dass wohl viel Geld vorhanden sein muss.
Sie träumen zwar von Ihrem Bauernhof, aber Sie tun nichts dafür. Damit meine ich, sie entwickeln keine Strategie, damit sie dieses Ziel auch erreichen. Vielmehr warten sie auf den Durchbruch Ihrer Firma und damit auf das große Geld. Ich wünsche Ihnen Ihren Erfolg von ganzem Herzen. Nur wenn der nicht eintreten sollte, werden Sie nichts in ihren Händen halten.

Sie haben also 5000 Euro im Monat zur Verfügung. Es wäre für sie ein leichtes mal eben 500 Euro zurückzulegen. Die würden sie sehr wahrscheinlich noch nicht einmal bemerken. Aber das sind eben nur Peanuts. Geld zurücklegen fängt bei Ihnen bei 1000 oder 2000 Euro an „Sinn????" zu machen.

Sie haben sehr wahrscheinlich nicht diese Summen zur Verfügung. Aber trotzdem wette ich mit Ihnen, dass Sie die gleichartigen Schranken im Kopf haben. Sie finden eben das 10 Euro Peanuts sind, wenn man eigentlich eine Kreuzfahrt machen will. Da müssten Sie doch schon mindestens 250 Euro im Monat zurücklegen oder????? Sie schütteln resigniert den Kopf und was passiert? **Sie tun gar nichts!!!!**

**Aber so läuft das nicht – nehmen Sie die 10 Euro und ab ins Glas (es darf auch ruhig mehr sein☺)**

Dieser Betrag kommt **regelmäßig** in Ihr bestehendes Traumglas. Das heißt Sie sparen z. B. monatlich einen festen Betrag an (in Ihrem Traumglas) und füllen dieses auch noch mit Ihrem Kleingeld.
So kommen Sie der **Verwirklichung** Ihres Traumes schnell näher. Eine andere Variante wäre: Ein Traumglas mit dem Kleingeld zu befüllen und ein zweites Traumglas mit dem festen Betrag. Und denken Sie daran, auch bei dem zweiten Traumglas ist ein Foto bzw. eine Beschriftung unerlässlich. Um sich allerdings schnell einen Erfolg zu verschaffen, würde ich die erste Variante vorziehen. ☺

Am Anfang sollten Sie sich nicht gleich eine Weltreise als Ziel setzen. Beginnen Sie mit einem Wunsch, den Sie sich relativ leicht erfüllen können. Das Erreichen Ihres ersten Zieles ist enorm wichtig. Es wird Sie bestätigen und Ihnen neue Motivation geben. Diese Motivation werden Sie mit jeder Zielerreichung neu entfachen und immer weiter vergrößern. Sie werden mit mehr Zuversicht Ihre Ziele ins Visier nehmen.

**Der Glaube bald wird alles besser und das Ertragen der heutigen Situation**

Vielen Menschen, die in dem Sog des Geldproblems stecken, versuchen Ihre Kräfte zu mobilisieren, indem Sie sich sagen: *"Wenn die Schulden abbezahlt sind wird alles besser. Bis dahin muss ich halt durchhalten."* Und so vergeht Monat um Monat, ohne das sie auch nur ein winziges Weiterkommen für sich entdecken.

Ich bin natürlich auch der Meinung, dass man seine Schulden bezahlen muss. Die Frage ist nur in welchem monatlichen Rahmen Sie das machen. Nehmen Sie sich nicht selbst jede Lebensfreude und Motivation. Leben Sie im Jetzt. Genießen Sie die Zeit, die Sie hier haben. Und das ohne schlechtes Gewissen. Arbeiten Sie mit diesem Buch. Leben Sie heute und gestalten Sie trotzdem Ihre Zukunft.

Es ist kein Verbrechen, wenn Sie anfangen, sich für Ihr eigenes Wohlergehen zu engagieren. Ihnen bleibt übrigens auch nicht viel anderes übrig. Es wird kaum ein anderer für Sie tun.

Der Gedanke, dass bald alles besser wird ist ja auch irgendwie tröstlich. Aber es steht nirgendwo geschrieben, dass Ihr Leben so weiter verlaufen muß, wie bisher.

Ist Ihnen eigentlich bewusst, dass es nur einen Moment gibt, indem Sie etwas für sich tun können? Das ist jetzt, in dieser Minute. Der einzige Zeitpunkt indem Sie aktiv werden können. Sie können nicht Ihre Vergangenheit verändern, und auch nicht in die Zukunft sehen. Aber Sie können etwas dafür tun, dass es Ihnen jetzt besser geht und darüber hinaus Ziele benennen und die dazu nötigen Strategien für die Zukunft erstellen, um diese auch zu erreichen.

**Werden Sie heute aktiv.**

# Die monatliche Budgetplanung / Fixkosten

Sich mit Geld zu beschäftigen macht Spaß und bringt Erfolg mit sich. Dies haben Sie jetzt selber mit Ihrem Wunschglas erfahren und nun sind Sie für den nächsten Schritt gerüstet.

Alle finanziellen Überlegungen bringen Sie nicht weiter, wenn Sie sich nicht einen Überblick über Ihre Fixkosten verschaffen. (Miete, Ratenzahlungen, Versicherungen usw.). Ich werde versuchen, Ihnen anhand meiner Geschichte die Vorgehensweise zu erläutern.

Zuerst einmal war auffällig, dass ich überhaupt **keinen reellen Überblick** über meine finanzielle Lage hatte. Das Wort Budgetplanung war für mich ein Fremdwort. Und irgendwie schien mir das auch sehr spießbürgerlich zu sein. Meine Freunde machten das auch nie. Glaubte ich jedenfalls und irgendwie konnten die sich immer alles leisten. (Dass das meistens nur aufgrund von Krediten möglich war, wurde mir erst viel später bewusst).
Sehen Sie bei Ihren Freunden mal genauer hin. Sie werden feststellen, dass diese oft auch nicht viel besser mit Ihrem Geld umgehen können. Aber Sie werden das ja ab sofort besser machen.☺

Ich bin immer wieder überrascht, wie wenig Sorgfalt und vor allem Realität in die monatliche Budgetplanung gesteckt wird – oft existiert auch einfach keine. Also trösten Sie sich. Ich hatte damals keine Budgetplanung und viele, viele andere Menschen in Ihrer Situation haben auch keine. Deshalb werden diese aber auch nichts an Ihrer Situation ändern, aber Sie können das.☺

Nehmen Sie sich mal einen Augenblick Zeit, legen Sie ein Blatt Papier und einen Stift vor sich und überlegen Sie, für was Sie Ihr Geld ausgeben.
Am einfachsten fangen Sie mit dem Aufschreiben der Fixkosten an. Und Sie werden sehen, das sind eine Menge. Den besten Überblick erhalten Sie durch eine Durchsicht Ihrer Kontoauszüge.

**Sie heften Ihre Auszüge nicht ab?**

Dann wird es aber Zeit. Gehen wir jetzt mal davon aus, Sie haben die Auszüge vom letzten Jahr alle zusammen. Nehmen Sie sich 12 Blätter und bezeichnen Sie sie jeweils den Monaten entsprechend. Beginnen Sie mit dem Auszug von Januar und arbeiten Sie sich bis Dezember durch. Wenn Sie fertig sind, müssten auf jedem Monatsblatt die fixen Kosten enthalten sein. Und die ändern sich ständig, denn Autosteuer wird nur einmal im Jahr gebucht, Ihre Haftpflicht vielleicht nur alle drei Monate, die Rundfunkgebühren (falls Sie welche bezahlen) auch im Dreimonatsrhythmus und immer so weiter. Rechnen Sie für jeden Monat die Fixkosten aus und addieren Sie diese. Sie haben dann die gesamten Fixausgaben des Jahres. Teilen Sie diese Summe wieder durch 12. Das ergibt die Durchschnittsausgabe für Ihren Haushalt pro Monat. Das ist ganz schön viel. Aber nur wenn Sie der Wahrheit ins Auge blicken, können Sie wirksame Mittel dagegen einsetzen.

Denn allzu gerne stolpert man in folgende Falle: *„Ohh es sind noch 150 Euro auf dem Konto,"* und schwups nehmen Sie sie runter, und machen damit weiß Gott was. Wäre alles nicht so schlimm, nur haben Sie leider vergessen, dass nächsten Monat die Autosteuer gebucht wird und auf einmal haben Sie nicht 150 Euro Plus auf dem Konto, sondern im nächsten Monat 75 Euro Minus. So oder ähnlich läuft es bei Millionen Haushalten. Dann wird wieder geknapst, hier und da wird versucht einzusparen ... Ein ewiges Dilemma. Schieben Sie dem einen Riegel vor. Starten Sie mit einer vernünftigen Finanzplanung. Gute Beratung für die Budgetplanung bieten übrigens auch die Schuldnerberatungen und der Beratungsdienst der Sparkassen (Adressen im Anhang).

Da Sie nun schwarz auf weiß Ihre monatlichen Fixkosten vor sich sehen, haben Sie die große Möglichkeit die einzelnen Punkte mal gründlich durchzuchecken.

**Tipp!!**

**Wenn Ihnen das Erstellen der eigenen Blätter zu mühselig ist! Es gibt einen übersichtlichen Euro-Budgetplaner vom Beratungsdienst der Sparkassen. Kostenlos! Die Adresse finden Sie im Anhang.**

**Versicherungssituation**

Als erstes durchleuchten Sie mal Ihre Versicherungssituation. Die meisten Haushalte sind gnadenlos überversichert. Ich war es natürlich auch. Ich hatte einige Lebensversicherungen abgeschlossen. Womit ich nicht sagen will, dass alle Lebensversicherungen schlecht sind. Es kommt vielmehr auf die persönliche Situation an bzw. was Sie eigentlich mit Ihrer Versicherung erreichen wollen. (Absicherung oder Vermögensaufbau oder beides?) Ich rate dringend eine Verbraucherzentrale aufzusuchen und sich umfassend beraten zu lassen. Scheuen Sie einen solchen Besuch, dann rate ich Ihnen zu Fachzeitschriften. Die Stiftung Finanztest sei hier nur mal exemplarisch erwähnt.
Es gibt auch eine ganze Menge Finanzdienstleister, die eine breite Palette von Dienstleistungen (Aktiensparpläne, Versicherungen aller Art usw.) anbieten. Die meisten von Ihnen sind durchaus seriös. Sie leisten meistens einen recht hilfreichen Service indem Sie Ihre Finanzsituation (Versicherungen, Geldanlage) durchleuchten. Außerdem haben diese Dienstleister in der Regel sehr viele Versicherungsgesellschaften und Anlagepakete zum Vergleich. Das heißt, es kann durchaus passieren, dass Sie einige günstigere Absicherungsformen angeboten bekommen, als Sie sie bis jetzt hatten. Denn naturgemäß können Versicherungsgesellschaften nicht in allen Bereichen gleich gut sein. Der richtige Mix macht es hier.
Natürlich - ist nicht zu verschweigen, dass diese Dienstleister von Vertragsabschlüssen leben. Ihr Versicherungsmakler, der

Sie bis jetzt betreute aber auch. Letztendlich zählt nur das, was unter dem Strich für Sie rauskommt.

Sie sollten grundsätzlich keine Verträge unter Zeitdruck abschließen. Jeder gute Dienstleister / Versicherungsfachmann wird Sie auch nicht nötigen. Ein „Nein" von Ihrer Seite muss jederzeit akzeptiert werden.

Natürlich will der Kundenberater Sie überzeugen. Aber geben Sie sich selbst Zeit und informieren Sie sich vielleicht noch anderweitig. Schon manchen hat eine Durchleuchtung seiner Versicherungssituation einige Hundert Euro gespart.

Oft neigen wir auch dazu die Versicherung zu nehmen, die unsere Eltern uns empfahlen (bei dem waren wir immer gut aufgehoben). Nur das ist oft nicht die günstigste und im Schadenfall muss man sich mit jeder Versicherung auseinander setzen.

Ich möchte hier darauf verzichten, auf die einzelnen Versicherungsarten einzugehen. Nur soviel sei gesagt – versuchen Sie auch mit Hilfe von Familie und Freunden herauszufinden, was Sie **wirklich** brauchen. Sie werden sehen, dass das eine Menge Einsparung mit sich bringen kann und damit mehr Geld für Sie. Mehr Geld, das für Ihre Zielerfüllung zur Verfügung steht.

**Mietsituation**

Die Mietsituation können nur Sie selber beurteilen. Wenn Sie Single sind, das ist statistisch die Gruppe von Wohnungsnehmern die am schnellsten wächst, haben Sie den Vorteil allein entscheiden zu können, ob die Wohnung Ihren Ansprüchen genügt oder ob nicht sogar eine kleinere Wohnung besser und damit sehr wahrscheinlich eine kostengünstigere Möglichkeit wäre. Für viele Menschen ist aber die Wohnung ein Tabuthema. Aber mal die Augen offen zu halten, ob sich nicht vielleicht doch eine gute Gelegenheit zu einem Wohnungswechsel ergibt, kann nicht schaden. Denn jeden Euro den Sie weniger in die Miete stecken, ist ein Euro den Sie mehr für Ihre Wunscherfüllung haben.

Zeitschriften Abos und Mitgliedschaften

Gehören Sie auch zu denjenigen, die Zeitschriften abonniert haben? Bei der nächsten Kündigungsmöglichkeit sollten Sie genau überlegen, ob Sie die Laufzeit verlängern wollen. Erhöht dieses Abo wirklich Ihre Lebensqualität?

 **Tipp!!**

**In den öffentlichen Stadtbüchereien liegen die gängigsten Zeitschriften aus. Die Auswahl ist meistens groß. (Übrigens die größten Tageszeitungen sind meistens auch im Angebot). Und ein Kopierer steht meistens auch zur Verfügung – um sich die interessantesten Artikel zu kopieren.**

Oft wird auch nicht das Kleingedruckte gelesen. Wissen Sie, wann Sie Ihr Zeitungsabo kündigen müssen, um kein weiteres ungewolltes Jahr die Zeitung beziehen zu müssen?

 **Tipp!!**

**Kündigen Sie die Zeitung sofort nach Wirksamkeit des Vertrages (Sie haben ja meist bei Abschluß des Vertrages ein Widerrufsrecht von 14 Tagen – übrigens eine gute Zeit um sich noch mal zu überlegen, ob dieses Abo Sinn für Sie macht). Bitten Sie um eine schriftliche Bestätigung der Kündigung. Schön abheften und schon brauchen Sie sich über dieses Abo keinen Kopf mehr zu machen.**

Wenn Sie Mitglied in Vereinen oder z. B. in einem Fitness Studio sind, sollten Sie versuchen ehrlich mit sich zu sein, oder mal nachrechnen, wie oft Sie diese Mitgliedschaft wirklich genutzt haben. Sind Sie ein regelmäßiger Nutzer? Dann ist ja alles klar. Nutzen Sie dieses Angebot aber nur ein oder zweimal im Monat, sollten Sie vielleicht noch mal in Ruhe überlegen, ob diese Ausgabe gerechtfertigt ist. Schließlich fehlt dieses Geld Ihrer Wunscherfüllung.

**Verlockung EC-Karte / Kreditkarte**

Kein Monat vergeht, indem nicht irgendeine Werbung von der Kreditkarte XY in den Briefkasten fällt. Eine EC-Karte ist ja schon längst Standard. Wenn man mit der EC-Karte umgehen kann (nämlich an seinem Geldtag, das Geld für die Budgetgläser abzuholen) ist das auch eine schöne Sache. Aber seien wir mal ehrlich. Das sind nicht die einzigen Zahlungen, die Sie damit tätigen. Sie tanken mit der EC-Karte, Sie kaufen damit ein usw. Das es da natürlich schwer ist, den Überblick über die tatsächlichen Ausgaben zu behalten, ist klar.

Wie oft guckte ich bestürzt auf meinen Kontoauszug, weil ich eine Abbuchung der Tankstelle XY vergessen hatte hinzurechnen! Irgendwann war ich dann so gefrustet, dass ich gar keine Kontoauszüge mehr anschaute.

Ich wette, Ihnen geht es nicht anders. Ist ja auch irgendwie schön bequem und es wiegt uns in eine trügerische Sicherheit.

Das **wirksame** Gegenmittel, lautet ganz simpel: Lassen Sie die Karte Zuhause und stellen Sie auf Budgetgläser um (siehe Seite 51)

**Handyverträge**

Heutzutage ein Handy zu besitzen ist ja nun weiß Gott nichts ungewöhnliches mehr. Die meisten werden wohl einen 24 Monatsvertrag bei einem Netzanbieter abschließen, weil dieses meistens eine kostengünstige Anschaffung eines Handys mit einschließt. Dagegen ist auch gar nichts einzuwenden. Nur viele vergessen es den Vertrag rechtzeitig zu kündigen. Also mal genau im Vertrag nachlesen, wann denn gekündigt werden muss. Es kann sein, dass die Kündigungsfrist recht lang ist z. B. 6 Monate vor Ablauf des Vertrages. Sollten Sie den Stichtag verpassen, geht es meistens für ein weiteres Jahr in die Verlängerung.

Ein Jahr indem Sie nicht den Anbieter wechseln können. Vielleicht gibt es zu dieser Zeit einen viel interessanteren Anbieter für Sie. Verpassen Sie den Termin, verlieren Sie Geld. Geld das Sie nicht in Ihr Wunschglas stecken können – Pech gehabt.☹

 **Tipp!!**

**Es ist vielleicht etwas ungewöhnlich, aber kündigen Sie doch gleich nach Wirksamkeit den Vertrag (sozusagen 2 Jahre im Voraus). Lassen Sie sich die Kündigung schriftlich bestätigen.**
**So sind Sie frei zu entscheiden, ob Sie wechseln wollen oder nicht.**

Noch einiges grundsätzliches zu den Tarifen: Ist zum Beispiel der Punkt Erreichbarkeit wichtig und nicht etwa das eigene aktive Telefonieren, fährt man beim Handy mit einer aufladbaren Karte nicht schlecht. Das sind diese Art von Handys, bei denen es keine Monatsgebühren gibt, sondern bei denen von einer Guthabenkarte telefoniert wird. Ein Vorteil dabei ist, dass selbst wenn das Guthaben erschöpft ist, man trotzdem noch bei den meisten Anbietern 1 Jahr lang erreichbar ist. Die Telefonate allerdings die man selber aktiv führt, sind oft teurer als in den Tarifstrukturen mit monatlichem Grundpreis. Das heißt der Preis für eine Gespächsminute ist teurer.

Bei den Tarifen mit einem monatlichen Grundpreis gibt es eine Menge Unterschiede. Diese ändern sich sehr häufig, so dass eine aktuelle Auflistung gar keinen Sinn machen würde. Sollten Sie zu denjenigen gehören, die gar keinen Festnetzanschluss mehr haben, also nur ein Handy besitzen, wäre es sicherlich sinnvoll einen Netzbetreiber zu haben, bei denen der Anruf ins herkömmliche Festnetz genauso günstig ist wie in die Mobilnetze.

Es kann nur von Vorteil sein, wenn man sein eigenes Telefonverhalten einigermaßen kennt. Denn die meisten Anbieter bieten auch noch Zeitzonen an, bei denen es günstiger ist zu telefonieren. Achten Sie aber auch auf Anbieter, die Tarife in Ihrem Leistungsumfang haben, die bei jeder Uhrzeit gleich sind.

Überprüfen Sie Ihre Bedürfnisse und lassen Sie sich in einem Handygeschäft, das alle Anbieter im Angebot hat beraten. Da ist die Gewähr am größten, dass Sie auch das passende Angebot für sich finden.

## Ratenzahlungen minimieren

Wenn man den Statistiken glauben darf, erstickt so ziemlich jeder Haushalt an Ratenzahlungen. Lösen Sie den Strick um Ihren Hals. Verschaffen Sie sich Luft. Ja und wie machen Sie das???

Verringern Sie Ihre monatlichen Raten.

Das soll die Lösung sein? Sie denken sicher: *„Dann brauche ich ja ewig, bis ich die los bin!"*
Dieses und noch vieles mehr muss ich mir anhören, wenn ich diesen Vorschlag anbringe. Ich gebe Ihnen Recht! Auf den ersten Blick werden Sie länger brauchen. Aber schon auf den zweiten Blick wird klar, dass das mit dem „schnell fertig werden" ja nicht so hin haut, oder warum drehen Sie sich im Kreis???
Und natürlich ist es oft so, dass wenn Sie kleinere Raten nehmen, höhere Zinsen zahlen.
Aber da ist ein Bankenvergleich doch genau richtig. Es kann nämlich gut sein, dass eine andere Bank, einen wesentlich günstigeren Kredit anbietet.
Auch hier können die Verbraucher- und Schuldnerberatungen Hilfestellungen geben.

Sie haben eine hohe Rate gewählt damit Sie „schnell fertig werden". Aber sobald etwas dazwischen kommt (Auto kaputt, Waschmaschine gibt den Geist auf usw. müssen Sie Ihr Konto wieder mal überziehen) es wird alles gekürzt. Einschließlich Ihrer Träume, damit ja jeden Monat die Raten gezahlt werden können.

**Sie** bleiben dabei auf der Strecke.

Ich sage es Ihnen noch einmal: *„Sie werden immer Verpflichtungen haben!"*
Ihre Ratenzahlung ist eine von vielen, welche jedoch nicht ein Nagel zu Ihrem Sarg werden sollte. Wenn Sie die Rate möglichst gering halten bleibt Ihnen Luft und Sie handeln verantwortungsvoll, denn Sie laufen nicht vor Ihrer Situation davon oder machen die Augen zu. Ganz im Gegenteil, Sie haben das

Ruder übernommen, und wollen die Geschicke Ihres Lebensschiffes selbst meistern.

Natürlich sollte aber auch eine Tilgung in der Ratenzahlung beinhaltet sein, denn schließlich soll irgendwann mal Schluss sein.

Ich weiß, dass dieser Punkt bei den meisten ein gewisses Unbehagen auslöst, obwohl es eigentlich eine beängstigende Reaktion ist. Sie sagen damit ja aus, dass Sie sofort bereit sind Verantwortung für Ihre Schulden zu übernehmen, nur Verantwortung für Ihre Wünsche zu übernehmen und dafür dass es **Ihnen** gut geht, das fällt schwer, sehr schwer sogar.

Sie müssen es ja auch nicht überstürzen, aber darüber nachdenken sollte schon erlaubt sein.

**Dispokredite**

Das gleiche gilt übrigens für Dispokredite. Sie sollen diese natürlich zurückzahlen, aber bitte maßvoll. Auch hier gilt steter Tropfen höhlt den Stein. Natürlich ist mir klar, dass gerade bei Dispokrediten die Zinsen hoch sind. Aber Sie werden nicht davon runterkommen, wenn Sie weitermachen wie bisher. Nämlich möglichst viel abzuzahlen, um dann am Ende des Monats wieder an das Konto zu gehen, und den Dispo vielleicht noch höher zu machen, als er vorher war. Natürlich sind Banken bestrebt gerade Ihren Kunden die ständig im Dispobereich sind, eine Umwandlung der Summe in einen Kredit anzubieten. Die Zinsen sind in der Regel erheblich günstiger. Aber eine Ratenzahlung ist auch hier nur sinnvoll:

a)  Wenn die Rate klein ist.
b)  Wenn Sie einen Ratenkredit nicht als Freischein sehen, so weiterzumachen wie bisher. (neuer Dispo)
c)  Wenn Sie vor allen Dingen dieses Buch und die damit verbundene Budgetplanung durcharbeiten und auf Dauer umsetzen. Vergessen Sie sich nicht dabei. Sie sind derjenige, der über Ihr Geld verfügt. Sie treffen die Entscheidungen. Am Ende des Buches werden Sie ein ganzes Stück schlauer sein.

Natürlich gibt es Kritiker über meine Methode. Das liegt schon an der Zielsetzung.
**Mein Ziel lautet: Verantwortungsvoll meine Schulden bezahlen ohne das mir der Spaß am Leben vergeht.**
Und nicht möglichst schnell fertig zu sein, was in der Regel nicht klappt und dann noch frustrierter zu sein. Gesunder Realismus ist gefragt. Gerade deswegen fordere ich Sie noch mal auf:

Werden Sie aktiv. Packen Sie Ihr Geldproblem bei den Hörnern und vor allen Dingen finden Sie heraus, was Sie mit Ihrem Geld eigentlich tun wollen.☺

Gehen wir mal davon aus Sie sind ein Musterschüler. Sie haben Ihre Budgetplanung gemacht. Sie wissen ganz genau, wie hoch Ihre Fixkosten im Monat sind. Trotzdem werden Sie Schwierigkeiten haben, Ihre Wünsche umzusetzen, weil nämlich noch ein ganz wichtiger Punkt fehlt. Und das sind die berühmten **Rücklagen.**

Sie können noch so gut planen, die Missgeschicke der Zukunft, können Sie nicht voraussagen. Geht Ihnen Morgen Ihre Waschmaschine kaputt, was dann? **Nein**, Sie werden nicht zur Bank rennen und Ihren Kredit erhöhen, oder Ihr Konto überziehen. Seien Sie klüger und bauen Sie vor. Legen Sie z. B. 50 Euro im Monat in ein Notfallglas an. Das ist für manche total viel und für andere erträglich. Manche können vielleicht auch mehr da rein tun. Das ist Ihre Ermessenssache.

**Wichtig ist, dass Sie es tun – und das Sie es vor allen Dingen regelmäßig tun.**
Nämlich immer dann, wenn Sie Ihre Budgetgläser befüllen. Budgetgläser? Was ist das?

# Budgetgläser - Lebenskosten

Jetzt kommen wir zu einem weiteren Baustein in Ihrer Strategie und die heißt Budgetgläser. Beim ersten Schritt haben Sie herausgefunden, wie hoch Ihre Fixkosten sind. Diese Kosten werden weiterhin von Ihrem Konto abgebucht. Der zweite Schritt ist die Einschätzung und Kontrolle der täglichen Ausgaben. Will heißen, Sie sammeln einen Monat lang Ihre Kassenbons. **Jeden.**
Haben Sie z. B. keinen erhalten, schreiben Sie sich einen Zettel mit dem Betrag und heften ihn ab. Nach einem Monat machen wir mal Kassensturz.

Nehmen Sie sich ein Blatt und bilden Sie Kategorien / Hauhaltsunterteilungen in denen Sie Ihr Geld verwalten wollen.
Bei mir ist das z. B.:

Wunschglas
Haushaltsglas
Notfallglas
Spontanität
Auto (Sprit)
Autoreparaturen
Gas / Strom / Wasser (Nebenkosten)
Haus und Garten
Kleidung
Geschenke
Altersvorsorge

So oder so ähnlich wird am Ende Ihre Kategorienliste aussehen. Nun rechnen Sie aus wieviel Sie pro Monat bei den einzelnen Kategorien anzusetzen haben. Das A und O bei diesem System ist **Realismus** bei der Einschätzung des tatsächlichen Bedarfs. Es nützt Ihnen gar nichts, wenn Sie die Gläser zu knapp bemessen und Sie dann, um Ihren tatsächlichen Bedarf zu decken, Ihr Konto quälen. Sie würden sich nur selber ein negatives Erlebnis verschaffen. Deshalb auch die Aufforderung Ihre Kassenbons einen Monat lang zu sammeln.

Manchem wird heiß und kalt, wenn er die „Geschichte" seines Kaufverhaltens schwarz auf weiß vor sich ausgebreitet sieht. Aber keine Bange, Sie sind nicht allein mit diesem Problem und Sie fangen ja an, sich damit auseinander zu setzen.

Bei Ihrem nächsten Gehaltseingang fängt eine neue Zeit für Sie im Umgang mit Ihrem Geld an. Erst einmal sorgen Sie dafür, dass alle Ihre Fixkosten zu einem Datum abgebucht werden. Das erleichtert den Überblick außerordentlich.☺

**Gläsertag / Geldtag☺**

Ab heute wird dieser Tag kein Tag des Negativen mehr sein. Denn mit jedem Geldtag werden Sie Ihr System kontrollieren, Fehler ausmerzen und letztendlich Geld sparen – **Ihr Geld.**☺

Gläsertag was ist das? Der Tag an dem Sie Ihre Gläser befüllen wird Ihr Gläsertag. An diesem Tag wird auch genau recherchiert, wo es mit Ihrer Planung geklappt hat und wo nicht. Wo man eventuell das Budget erhöhen oder aber auch kürzen muss. Gehen wir mal die Gläser der Reihe nach durch. Wir nehmen wieder meine Startplanung als Richtschnur.

**Hier noch ein Hinweis für Freiberufler etc.**

Es gibt auch noch eine ganze Menge Erwerbstätige, die nicht zu denjenigen gehören, die monatlich einen festen Betrag als Ihr Gehalt überwiesen bekommen. Da ist natürlich eine Zuteilung der Gläser über feste Summen etwas schwierig.

 **Tipp!!**

**Man könnte dann zum Beispiel die Gläser prozentual befüllen. Das heißt es gibt keine festen Geldbeträge. Sie verteilen Ihren Gehaltseingang wie einen Kuchen nur in verschieden große Stücke. Aufgrund Ihrer Recherche Ihres Kaufverhaltens dürfte es nicht mehr so schwer sein, eine Verteilung zu treffen.**

**Wunschglas**: Dieses Glas wird als Erstes mit dem vorher festgelegten Betrag befüllt. Warum sollen Sie mit dem Wunschglas beginnen? Das ist nur ein kleiner psychologischer Trick, sich noch mal vor Augen zu führen, dass Sie das Wichtigste sind. Sie haben es verdient, dass Sie und Ihre Wünsche und deren Erfüllung an erster Stelle kommen. Stellen Sie das Glas gut sichtbar, in Ihrer Wohnung; Haus auf, damit Sie möglichst oft darüber stolpern.☺

**Haushalt:** Haben Sie Ihre Einkaufsquittungen durchforstet? Dann müsste Ihnen klar sein, wieviel Sie hier anzusetzen haben. Runden Sie dieses Glas auf jeden Fall erstmal nach oben auf. Wir (ein 2 Personenhaushalt, 1 Hund) haben damals mit 400 Euro angefangen. In diesem Glas war auch das Hundefutter und z.B. Hygieneartikel enthalten.
Für Mitmenschen die konsequent sind, ist es durchaus möglich, die gesamte Monatssumme der jeweiligen Kategorie in das Glas zu füllen.
Für den Anfang hat sich allerdings folgender Trick gut bewährt:

Sie befüllen Ihr Glas mit der ausgerechneten Summe. Gleichzeitig halten Sie aber noch einen Briefumschlag oder ein altes Portemonnaie oder etwas ähnliches bereit. Sie dividieren den Monatsbetrag durch die Anzahl der Tage (nicht etwa durch 4 Wochen. Das kommt nämlich nicht hin. Am Ende des Monats fangen Sie an zu knapsen) Beispiel: Sie befüllen Ihr Glas mit 300 Euro und der aktuelle Monat hat 30 Tage dann stehen Ihnen 10 Euro pro Tag zu. Sie stecken das Geld für eine Woche (70 Euro) in das Portemonnaie. Und nur das nehmen Sie zu Ihren Einkäufen mit. Kein anderes Geld, keine EC-KARTE. So haben Sie einen sehr genauen Überblick und die große Chance, dass Sie auskommen werden. (Siehe auch Kaufverhalten.)

**Notfallglas:** In dieses Glas kommen regelmäßig 50 Euro. Mit dieser Summe bin ich gut gefahren. Ich habe das Glas bis zu 1000 Euro bespart. Es dauerte natürlich länger als 20 Monate dieses Glas zu besparen, da ja auch Notfälle eintraten. Zum Beispiel eine defekte Waschmaschine. Aber ich halte immer diese Geldhöhe ein. Sollte es tatsächlich mal vorkommen, das ich diese Grenze überschreiten würde, kommt das Geld ... ja wohin nur? In ein Traumglas natürlich.
Was Sie als Notfall definieren, liegt in Ihrem Ermessen. Wenn Sie der Meinung sind, das neue Schuhe ein Notfall sind, na gut. Ich würde das allerdings anders sehen. Schließlich haben Sie ja ein Bekleidungsglas. Und Schuhe fallen nicht von einer Stunde auf die andere total auseinander.☺

**Spontanitätsglas:** Die Bezeichnung dieses Glases sagt ja eigentlich alles. Es geht hier um Kino, Essen gehen etc. Jeder muss für sich herausfinden, wie sein Bedürfnis ist. Da Sie im dem letzten Monat alle Ausgaben aufgeführt haben, dürfte das ja kein Problem sein.☺
Gerade bei dem Spontanitätsglas ist es schwierig, das rechte Maß zu finden. Denn logischerweise, waren einige, wenn nicht sogar viele Ausgaben des letzten Monats, welche die in die Kategorie Spontankauf / Ersatzbefriedigung (s. Kaufverhalten) gefallen sind..
Ziel ist es natürlich, diese soweit wie möglich auszumerzen. Sind Sie aber ein besonders geselliger Mensch, ist dieses Glas

natürlich diesem Bedürniss anzupassen. Aber bitte mit Fingerspitzengefühl. Ich habe für dieses Glas 125 Euro veranschlagt (für 2 Personen). Bedenken Sie: Sie selber sind das Maß der Dinge. Mancher wird das viel zu wenig finden, ein anderer ist eher der häusliche Typ und kommt mit weniger aus. Ausprobieren ist angesagt.

**Autoglas:** Das Autoglas wird bei mir mit 175 Euro befüllt. Darin sind die Fixkosten nicht enthalten: Versicherung / Steuer / ADAC. Diese wurden natürlich bei der am Anfang besprochenen Fixkostenbestandsaufnahme berücksichtigt (die weiterhin von Ihrem Konto abgebucht werden) und haben deshalb bei den Budgetgläsern nichts verloren. Mit diesem Glas werden also nur die Bezinkosten gedeckt.

 **Tipp!!**

**Nehmen Sie gleich das passende Geld aus dem Autoglas. Das Tanken kündigt sich ja in der Regel lange genug an. Noch besser wäre ein eigenes Tankportemonnaie (z. B. in einem „Geheimversteck" im Auto). Dann gibt's auch kein Rumgehampel mit der Abrechnerei und auch kein schlechtes Gefühl beim Bezahlen, denn dafür haben Sie ja schließlich das Autoglas eingeplant.**

**Autoreparaturen:** Hier spare ich im Monat 25 Euro. Macht im Jahr 300 Euro. Bis jetzt komme ich damit aus.☺

**Nebenkostenglas:.** Es ist ja leider so, dass zum Jahresende nicht so wie es früher war, man eine Rückzahlung von den gezahlten Heiz- und Nebenkosten erhält, sondern meistens was drauf legen darf. Wissen Sie wieviel das im Duchschnitt in den letzten Jahren war? Dann teilen Sie diese Summe doch durch 12 und stecken Sie dieses Geld in ein dafür bestimmtes Glas. So sind Sie gewappnet, und brauchen sich nicht mit dieser Extraausgabe rumzuärgern.

**Haus und Garten:** Ich bin einer der Menschen, die gerne schöne und dekorative Sachen für das Haus bzw. Wohnung kaufen. Aber woher nehmen und nicht stehlen? Ich enthob mich des Problems, indem ich mir einfach ein Haus und Gartenglas erstellte. In dieses stecke ich monatlich 40 Euro. Wenn ich jetzt mal den Wunsch verspüre, was schönes zu kaufen, gebe ich dem nach. Aber natürlich frage ich mich auch da, ob ich diese Sache wirklich will. Denn hinterher ärgern möchte ich mich nicht.

Aber nicht nur für Dekoratives ist dieses Glas da. Auch Werkzeuge, wie kürzlich einen neuen Akkuschrauber, bezahle ich daraus.

 **Tipp!!**

**Es gibt eine ganze Menge Geräte, die in der Anschaffung recht teuer sind, und dabei recht selten gebraucht werden. Ich habe mir angewöhnt einfach im Bekanntenkreis nachzufragen, ob mir jemand dieses Gerät leiht. Das spart eine ganze Menge Geld oder wie oft benötigen Sie z. B. einen Hochdruckreiniger?**

**Kleidungsglas:** Gerade bei Kleidung unterliegt man schnell der Spontanität. Das man nicht nackt durch unsere Welt laufen kann, dürfte klar sein. Um den Kauf neuer Kleider kommt wohl keiner rum. Aber wäre es nicht schön, einkaufen zu gehen – ohne schlechtes Gewissen. Gönnen Sie sich den "Luxus" und sparen Sie ein Kleidungsglas an. Bei mir kommen da monatlich 75 Euro (für 2 Erwachsene) rein.

Besonders günstig fährt man, wenn man das Glas 6 Monate bespart und die Winter- und Sommerschlussverkäufe nutzt. Nutzen Sie diese Schlussverkäufe und zwar zum kompletten

Einkleiden und nicht nur spontan, um mal hier und da ein Teil zu kaufen.

**Geschenkeglas:** Wer kennt das nicht? XY hat Geburtstag, schnell ein Geschenk gekauft und damit ein Loch ins Portemoinnaie produziert.

Oder Weihachten steht vor der Tür! Bei mir löst das keine Angszustände aus. Denn bei mir kommen 40 Euro pro Monat ins Glas. So bin ich gewappnet für die Geschenke, die da kommen mögen. Da ich nur eine kleine Anzahl von Menschen beschenke, komme ich mit dem Geld aus. Sollten Sie allerdings eine Großfamilie haben, wird's wohl kaum reichen. Allerdings wäre hier die grundsätzliche Überlegung, ob man sich nicht mal zusammensetzen sollte, um über den "Geschenkewahn" zu sprechen, nicht verkehrt. Vielleicht einigt man sich ja z. B. auf ein Geldlimit pro Geschenk. Damit wäre Ihnen, aber schließlich auch allen anderen geholfen.☺

 **Tipp!!**

**Sollten Sie Ihre Lieben mit Geschenke beglücken wollen, überlegen Sie doch schon im Laufe des Jahres, was, wem gefallen würde. Weihnachten und Geburtstage stehen doch nicht plötzlich vor der Tür.☺**
**Wieviel Zeit, Nerven und auch Geld lassen sich bei einer besseren Planung einsparen? Manches Sonderangebot wäre doch genau das richtige Weihnachtsgeschenk für XY, auch das erst August ist, sollte Sie nicht stören. Sie können es natürlich auch erst im Dezember kaufen, wenn es 30 Euro teurer ist.☺ Oder noch besser – Sie es erst gar nicht bekommen können, weil es nämlich ausverkauft ist.**
**Umdenken ist gefragt.**

So wie hier aufgeführt, sollten Sie es auch mit jedem anderen Budgetglas  machen. Erstellen Sie so viele Budgetgläser, wie

Sie meinen zu brauchen. Je mehr Gläser, um so genauer wird die ganze Sache natürlich.

Wenn Sie Kinder haben machen Sie vielleicht noch ein **Kinderglas:** Denken Sie z. B. an Unterrichtsmaterialien für die Schule, Klassenausflüge usw. Wer Kinder hat, weiß wie teuer Klassenfahrten sind. Und da ist es ja nur mit den Fahrtkosten nicht getan. Schließlich braucht das Kind ja auch noch Taschengeld und da kommt ganz schnell ein hübsches Sümmchen zusammen. Kommen Sie diesem Zahlungsschock entgegen. Fangen Sie einfach mit einem Betrag an - sagen wir mit 10 Euro.

 **Tipp!!**

**Es gibt aber auch geradezu spielerisch Arten sich mit Budgetgläsern und Kindern zu beschäftigen. Ist Ihr Kind z. B. ein Fastfoodfan, ich sage nur Mc ... Dann wissen Sie ja, dass das ein teurer Spaß ist.**
**Erstellen Sie doch einfach an Ihrem Geldtag mit Ihrem Kind ein Mc....glas. Statt aber Geld in dieses Glas zu füllen, malen Sie mit Ihrem Kind Burger-Coupons, Pommes-Coupons usw. So viel wie Sie meinen an Gegenwert in Geld ausgeben zu wollen. Jedesmal wenn jetzt ein Burger oder ähnliches verputzt wurde, verschwindet auch ein Coupon aus diesem Glas. Ihr Kind sieht sozusagen, jederzeit wieviel Burger noch verzehrt werden können.**
**Beim ersten Mal wird das Glas vielleicht recht schnell geleert, aber beim zweiten Mal werden Sie schon eine Veränderung feststellen, wetten wir?**

Eine ungewöhnliche Idee??? Vielleicht - aber das ist genau das, was ich bei Ihnen erreichen will. Haben Sie Mut Ihre Creativität in Gang zu bringen. Wichtig ist nur, dass Sie das Gefühl bekommen, Kontrolle über Ihre Finanzen zu erlangen und das Sie dabei auch noch Ihren Zielen näher kommen.

**Haustierglas**: Sind Sie z. B. der Meinung, ein eigenes Glas für Ihr vielleicht vorhandenes Haustier zu machen, ist das keine schlechte Idee. Denn vielleicht verursacht Ihr Tier eine Menge Tierarztkosten. Und die sollten nicht unbedingt vom Notfallglas aufgefangen werden. Bedenken Sie, selbst wenn Ihr Tier gar nicht so oft krank ist, so muss es doch in der Regel schon jedes Jahr geimpft werden. Bei meinem Hund macht das mal eben 50 €. Wenn Sie nur 5 € pro Monat in dieses Glas stecken, müssen Sie sich über solche immer wiederkehrenden Kosten keinen Kopf mehr machen.

Sie sehen eine Budgetplanung ist gar nicht so schwer. Sie müssen nur versuchen, Ihre Lebenssituation so genau wie möglich zu berücksichtigen. Vielleicht haben Sie z. B. gar kein Auto, sondern fahren mit öffentlichen Verkehrsmitteln oder in einer Fahrgemeinschaft, dann reduzieren sich natürlich diese Kosten ganz erheblich. Dafür sind Sie aber ein Mensch der oft raus geht und das Spontanitätsglas muss daher größer dimensioniert werden.

Um eine ständige Transparenz Ihrer Geldangelegenheiten zu ermöglichen, müssen natürlich alle Kassenbons von allen Käufen und Ausgaben aufbewahrt werden. Das sollte klar sein.

Mit ein Grund warum viele keine Budgetplanung machen ist der gescheute Aufwand. Ja und der ist da, den kann Ihnen keiner abnehmen. Das gute alte Haushaltsbuch, war keine schlechte Erfindung. Heute gibt es jede Menge komfortable Haushaltsprogramme für den PC. Aber ganz ehrlich, ich bin mit meinem Haushaltsbuch in normaler Heftform dreimal schneller. Außerdem habe ich das überall griffbereit und es braucht keine Stromversorgung. Nun ja, aber das muss jeder selber wissen. Jedenfalls tut eine genaue Auflistung der Ausgaben nach Kategorien Not, denn nur so können Schwachstellen der Budgetplanung aufgedeckt werden.
Und dieses hier ist, ich sage es noch einmal, ein Lernfeld. Hier ist noch kein Meister vom Himmel gefallen. Und Sie werden auch Rückschläge haben. Aber die werden weniger.☺

Bedenken Sie bitte, dass nur eine Budgetplanung die realistisch ist und Ihre Wunscherfüllung beinhaltet, auch von Ihnen mit Erfolg verwandt wird. Eine Prise Creativität kann dabei nicht schaden.

 **Tipp!!**

**Bei den Verbraucherberatungen kann man ein Haushaltsbuch käuflich erwerben.**
**Und bei den Beratungsdiensten der Sparkassen gibt es ein Haushaltsbuch und für die PC-Freunde ein interaktives Haushaltsbuch auf CD. Beide Angebote sind kostenlos!**
**Die Adressen finden Sie im Anhang.**

Wenn Sie mit Ihrem Geldplan Erfolg haben, werden Sie ihn immer weiter und detaillierter ausarbeiten. Aber jetzt am Anfang sollte er so einfach wie möglich und so motivierend wie es nur eben geht sein.

Was würde Ihre Lebensqualität erhöhen? Was würde Sie am meisten motivieren?

Welches wäre das erste Ziel, das Sie ansteuern würden? Und bitte tun Sie sich selber den Gefallen und bleiben Sie erst mal bei einem Wunsch. Bei dem Wunsch, dessen Erfüllung Ihnen auf der Seele brennt.
Es gibt nicht den richtigen Plan oder den schlechten. Es gibt nur den Ihrigen. Am Anfang läuft es vielleicht noch nicht so rund. Na und? Sie haben sich aber in Bewegung gesetzt. Nur das zählt. Jetzt heißt es nur noch am Ball bleiben!!!!

**Die Gläser sind los – der Gesamtüberblick**

Hier noch mal kurz die Zusammenfassung der Gläserstrategie:

1.  Als Erstes erstellen Sie einen genauen Überblick über Ihre Finanzlage.
2.  Sie überprüfen die Fixkosten, ob Einsparungen möglich sind (z. B. bei Versicherungen, Zeitungsabos usw.).
3.  Wunschfindung / Liste erstellen von den erstrebten Zielen.
4.  Wählen Sie den wichtigsten Wunsch.
5.  Wandeln Sie Ihren Wunsch zu Ihrem Ziel um.
6.  Danach handeln: Ein Wunschglas erstellen und eine Strategie anwenden dieses zu befüllen. Zum Beispiel fest besparen, oder mit Kleingeld füllen usw.
7.  Schriftlicher Überblick über die Ausgaben (Haushaltsbuch)
8.  Budgetgläser erstellen und regelmäßig befüllen.
9.  Feste Geldtage einlegen. Mindestens einen, nämlich dann, wenn Geld eingefüllt wird. Am Anfang kann es aber auch hilfreich sein, wöchentlich eine Überprüfung zu machen.
10. Ec-Karte und Kreditkarte an einem sicheren Ort verwahren und nicht in der Geldbörse lassen.
11. Genießen Sie Ihren Erfolg.

**Die erste(n) Woche(n) / Monat(e) haben Sie geschafft???**
**BRAVO**☺

Geldtag ist angesagt.☺ Wo hat es geklappt? Wo gab es Schwierigkeiten??

Sind Sie mit Ihrem Geld nicht ausgekommen, sollten Sie noch mal Ihr Kaufverhalten kontrollieren. Wenn dieses nicht der Grund war, haben Sie die Budgetsumme nicht realistisch gewählt. Aber vorsichtig bei diesem Punkt. Erhöht wird nämlich schnell. **Bedenken Sie, Sie können nur das ausgeben, was auch rein kommt. Machen Sie sich noch mal klar, was Sie eigentlich wollen.**
Hat das mit der Planung nicht hingehauen, weil Sie im Geschäft nicht vorbei gucken konnten? Ärgern Sie sich kurz und dann ist gut. Mir passiert es heute noch, (wenn es auch selten vorkommt), dass ich was kaufe, was mir nachher leid tut.
Mittlerweile habe ich mir angewöhnt, mich nicht mehr zu ärgern. Heute sage ich mir: *„Siehst Du, schon wieder was gelernt. Dieses Missgeschick ist Dir aufgefallen. Und beim nächsten Mal passiert Dir das nicht noch mal."*
Trotzdem gehe ich dann allerdings nicht ans Konto oder an andere Gläser. Ich muss dann eben mit dem auskommen, was ich habe.

# Unser Kaufverhalten

Wir alle werden tagtäglich von Kaufreizen überflutet. Wenn wir der Werbung Glauben schenken würden müsste jeder von uns Millionär sein, um seine Wünsche zu erfüllen. Sie glauben auf einmal Sachen haben zu müssen, von denen Sie vorher noch nicht einmal wussten, dass es sie gibt. **Wenn Sie nicht lernen, sich eine Prioritätenliste anzulegen, werden Sie immer unzufrieden sein, weil Sie nie in der Lage sein werden, alle Kaufreize zu erfüllen.**

Blättern Sie noch mal zurück zu meinen Ausführungen bezüglich der Prioritäten bzw. der Wunschfindung. Und dann machen Sie noch mal die Prüfung aufs Exempel. Wie leicht nimmt man irgendeine Kleinigkeit in die Hand, wenn man an der Kasse steht. Und wie schnell legt man diesen Gegenstand in den Einkaufswagen. Die letzte Computerzeitung, ein Eis usw. usw. Ich denke Sie wissen, wovon ich spreche. Das Schlimme ist, wären Sie nicht in diesen Laden gegangen und hätten diese Sachen gekauft, hätten Sie sie auch nicht vermisst. Das ist ein typisches Beispiel von Spontankäufen, die völlig unnötig sind, da Sie ja nicht ihr wirklicher Wunsch sind. Trotzdem fällt man sehr gerne darauf rein.

Ist Ihnen schon mal aufgefallen, wie viele Leute einem in der Stadt entgegenkommen und essen oder trinken? Man schlurft an den einzelnen Geschäftsauslagen vorbei und völlig selbstverständlich isst man dabei ein Eis. Eine kleine Ersatzbefriedigung mal hier und da. Man gönnt sich ja sonst nichts. Auf dem Weg zur Arbeit mal kurz am Kiosk oder beim Bäcker gehalten. Oder Sie erstehen mal kurz spontan ein neues T-Shirt. Das war schließlich runtergesetzt auf nur 10 Euro und lachte Sie förmlich an.

*„Mein Gott jetzt wird's aber pingelig. Die paar Euro machen doch nichts."*

Das macht nichts???

Dann summieren Sie mal Ihre Ausgaben dieser Art von nur einer Woche. Wenn wir davon ausgehen, das nur 3 Euro pro Tag auf diese Art und Weise den Besitzer wechseln sind das **1095 Euro im Jahr.**

Dafür könnten Sie z. B. 2 Wochen auf Kuba Urlaub machen. Oder sich einen neuen Computer kaufen, der sonst in unerreichbarer Ferne zu sein scheint. Oder einen DVD-Player mit Dolby Surroundsystem oder ...

**Was war noch mal ihr größter Wunsch / Ziel??**

Viele Menschen neigen dazu, wenn Sie schlecht drauf sind, sich selber wieder zu mobilisieren, indem Sie sich durch Einkäufe „Trostpflaster" verordnen. Die neueste CD von XY oder ein paar neue Schuhe, ein neues Computerspiel oder ähnliches.

Es geht hier nicht ums Verzichten auf kleine Annehmlichkeiten. Wichtig ist nur, dass diese auch **bewusst** gemacht werden. Und so bald Sie sich diese bewusst gemacht haben, werden diese spontanen Dinge weniger. Sie werden kritischer, aber Sie genießen auch viel mehr. **Für diese netten Dinge des Lebens gibt es das Spontanitätsglas.**
Ein kleiner Trick wie Sie dem Gefühl des Verzichtes entgegenwirken können, ist folgender: Sie haben die neueste Computerzeitschrift in der Hand. Und Sie befindet sich schon auf dem Weg in Ihren Einkaufswagen. Schauen Sie sich die Zeitschrift noch mal genau an und legen Sie diese dann wieder zurück. Merken Sie sich den Preis der Zeitschrift (sagen wir mal 3 Euro). Zuhause angekommen nehmen Sie diesen Betrag aus Ihrem Portemonnaie und stecken ihn in Ihr Wunschglas. Sie haben jetzt zwar auch das Geld ausgegeben, aber für etwas **was Sie wirklich wollen.** Sie haben also gar keinen Verzicht geübt, sondern sich bewusst für Ihre Wunscherfüllung entschieden. Gleichzeitig haben Sie sich in Ihrem Selbstbewußtsein gestärkt, dass Sie ein gestecktes Ziel auch angehen. Und Sie sind diesem auch schon wieder ein Stückchen näher gekommen.

Um mich selbst immer wieder an meine eigenen Unzulänglichkeiten zu erinnern, habe ich den letzten Kauf dieser Art (eine Kochzeitschrift) aufbewahrt. Ich habe bis heute noch nicht in sie hineingeguckt. Soweit zu den wichtigen Dingen.

## Einkaufsstrategien

Es gibt natürlich verschiedene Strategien des Einkaufens. Eine die jeder kennen dürfte, ist die des Einkaufszettels. Er ist zwar uralt, aber er hat den bestechenden Vorteil, dass er wirkt. Sie müssten sich nur die Zeit nehmen und Zuhause in Ruhe überlegen, was Sie wirklich **brauchen**. Dann schnurstracks durch den Laden huschen und nur die Teile einpacken, die Sie aufgeschrieben haben. Sollten Ihnen unterwegs noch andere Sachen ins Auge fallen, sollten Sie gut überdenken, ob diese wirklich nötig sind. Das bleibt Ihnen natürlich selbst überlassen. Aber wenn sie so wichtig wären, hätten sie Ihnen doch eigentlich zu Hause einfallen müssen, oder?☺

## Anreiz zum Einkaufszettel / Das Aufrundenspiel

Ich habe mir eine nette Sache ausgedacht, um die Sache mit dem Einkaufszettel durchzuziehen. Zuerst schreibe ich mir die Sachen auf, die ich kaufen möchte. Dann schreibe ich den ungefähren Preis dahinter. Ich runde dabei immer auf 50 Cent auf. Also kostet z. B. Nutella 1,59 Euro schreibe ich 2 Euro auf. So mache ich es bei allen Sachen. Zum Schluss rechne ich alles zusammen und gehe mit diesem Betrag los. Sagen wir mal, ich habe eine Summe von 13 Euro ausgerechnet. Dann gehe ich mit 13 Euro los nicht etwa mit 15 oder 20. Ich halte mich stur an meinen Einkaufszettel und zum Schluss kostet alles zusammen z. B. 11,50 Euro. Wenn ich Zuhause bin stecke ich das Restgeld (1,50 Euro) in ein eigens dafür geschaffenes Glas. Sie haben es bestimmt erraten. Das ist ein Wunschglas, welches im Gegensatz zu dem Budgetwunschglas nur durch solche Einsparungen befüllt wird. Zur Zeit sind es ein paar tolle Schuhe, die ich mir ohne meine Gläserstrategie gar nicht leisten würde. Aber so werde ich mir diesen Wunsch erfüllen. Und ich werde es noch nicht einmal schmerzhaft im Portemonnaie spüren.☺

Außerdem versuche ich meinen Einkauf in einem Geschäft zu erledigen. Das geht leider nicht immer. Aber versuchen Sie trotzdem so wenig Geschäfte wie möglich, für Ihren Einkauf zu benutzen. So entgehen Sie eher den Spontankäufen.

Sollten Sie zu den disziplinierten Typen gehören, können Sie natürlich auch eine ganz andere Variante versuchen, indem Sie die einzelnen Sachen, in den Geschäften kaufen, wo diese am günstigsten sind.

Aber bedenken Sie dabei: Sie sind wesentlich länger für Ihren Einkauf unterwegs und logischerweise auch länger den Kaufreizen ausgeliefert. Außerdem lohnt sich das nur, wenn die Geschäfte in Gehweite auseinander liegen, denn die Zeit und den Spritverbrauch für einen PKW rechtfertigt ein normaler Einkauf kaum.

## Sonderangebote horten

Eine andere sehr effektive Methode Geld einzusparen, ist bei Sonderangeboten zuzugreifen und so viel von diesem Artikel zu kaufen, wie man glaubt von ihm zu verbrauchen, bis dieser wieder im Angebot ist. (Das muss ja nicht im gleichen Geschäft sein. Die Artikel werden schließlich in vielen verschiedenen Kaufhäusern angeboten). Eine Budgeteinsparung bei dem Haushaltsglas von 20 % ist da durchaus zu erreichen. Nehmen wir also meine eigene Anfangsplanung zur Hand (400 Euro Befüllung) würde das eine Einsparung von 80 Euro bedeuten.

80 Euro zur Erfüllung Ihrer Wünsche. Denn logischerweise würde dieses eingesparte Geld in Ihr Wunschglas wandern – wohin auch sonst.☺

Voraussetzung ist natürlich, das Sie ganz genau wissen, wie hoch Ihr Bedarf von diesem Artikel (z. B. Kaffee) in einem Geldmonat ist. Ansonsten würden Sie eine Warenhalde anlegen, und am Ende des Monats hätten Sie kein Geld mehr für Ihre anderen Einkäufe, die Sie noch tätigen müssen übrig. Am Anfang kann es natürlich sein, dass Sie meinen, dass Sie mit Ihrem Budget nicht auskommen, weil diese Art des Kaufens erstmal ein Loch ins Portemonnaie reißt. Aber das gleicht sich natürlich wieder aus.☺

## Das Gedankenspiel eine Alternative zum Einkaufszettel

Gehen Sie durch den Laden, und legen Sie die Waren in den Einkaufswagen, so wie Sie es immer getan haben. Wenn Sie sich Richtung Kasse bewegen, fahren Sie mit Ihrem Einkaufswagen zur Seite, und überprüfen jeden Gegenstand in Ihrem Wagen, ob Sie Ihn wirklich brauchen. Wenn Sie ehrlich mit sich sind, werden Sie einige Sachen finden, die Ihrer Überprüfung nicht standhalten werden. Legen Sie diese Teile wieder ins Regal zurück. Merken Sie sich aber den Betrag. Diese Summe stecken Sie dann nach dem Einkauf in Ihr Wunschglas.☺


## Second Hand Einkaufen! Wie kriege ich mehr für mein Geld?

Über Second Hand einzukaufen hat den Vorteil, dass Sie nur noch einen Bruchteil des Neupreises bezahlen. Ich habe das oft praktiziert, und nur einmal bin ich bis jetzt damit schlecht gefahren.
Bei so manchem Artikel gibt es gar keinen Grund, warum er ausgerechnet neu sein muss. Suche ich z. B. Ersatzteile für mein Fahrrad oder Moped, schaue ich immer zuerst, ob ich diese gebraucht bekomme. Auch bei Möbeln kann man durchaus fündig werden. Besonders steigende Beliebtheit verzeichnen hier die Internetauktionen. (Oft hat man auch noch ein Bild bei dem Angebot ). Hat man kein Internet ist das ja auch kein Beinbruch. Wer kennt nicht die ganzen Anzeigenblätter, aber auch bei Ihrem Laden um die Ecke, gibt es sehr wahrscheinlich ein „schwarzes Brett". Übrigens könnten Sie ja auch mal ein Gesuch aufgeben. Dieses Angebot wird leider viel zu selten genutzt.
Es läßt sich gerade bei Anschaffungen, die man etwas länger plant eine Menge Geld sparen. Wenn Sie zum Beispiel ein neues Fahrrad im Frühjahr haben möchten, sollten Sie den ungefähren Preis, den Sie auszugeben bereit sind wissen, und sich rechtzeitig ein Wunschglas „Fahrrad" erstellen. Herbst und Winter sind die perfekte Zeit, einen neuen Untersatz zu organisieren.

sieren. Und denken Sie daran: Feilschen gehört bei dieser Art von Kauf geradezu dazu. Das macht Spaß und spart Ihnen eine Menge Geld.

Sie können den Betrag, den Sie durch Ihren günstigen Erwerb gespart haben, natürlich auch dazu nutzen Ihr Wunschglas schneller zu befüllen☺

**Lernen Sie feilschen!**

Das Rabattgesetz ist da, trotzdem wird es nicht dazu führen, dass jetzt alle mit Ihrem Einkaufswagen an der Kasse stehen, und mit der Kassiererin über die Kaufsumme feilschen. Es gibt aber trotzdem den einen oder anderen Artikel, bei dem eine Nachfrage bei dem / der Verkäufer(in) Erfolg haben könnte. Wenn es z. B. um den Neukauf eines Computers geht und Sie an einem Auslaufmodell interessiert sind, ist es durchaus denkbar, dass ein Preisnachlass drin ist oder noch Zusatzartikel dem Angebot zugefügt werden.

Oder nehmen Sie von einem Artikel einen ganzen Karton. Da könnte ein Mengenrabatt drin sein. Fragen kostet nichts. Es könnte ja klappen.

Oft ist es auch so, dass sich in den Kühltruhen der Lebensmittelläden aufgerissene Packungen befinden. Wollen Sie besonders sparsam sein, nehmen Sie sich dieses Paket und gehen Sie zum Zweigstellenleiter. Die Chancen stehen gut, dass Sie die Ware zu einem reduzierten Preis bekommen. Wenn Sie jetzt noch jeden "erfeilschten" Euro in Ihr Wunschglas stecken haben Sie ein richtiges Erfolgserlebnis.

Vielleicht erstellen Sie aber auch ein spezielles Glas, wo nur Gelder dieser Art einfließen.

Nie vergessen - auch Kleinvieh macht Mist!!

**Zeit sparen: Mehr Zeit für sich selbst!**

Gehören Sie auch zu denjenigen, die mal kurz nach Feierabend in den Laden huschen, weil Ihnen XY fehlt? Wieviel Zeit vergeht, nur weil Sie eben diesen einen oder meinetwegen auch diese zwei, drei Artikel holen wollten? Versuchen Sie ab jetzt Ihre Einkäufe zu planen. Das hat viele Vorteile:

a)  Wenn Sie einen Einkaufszettel benutzen vergessen Sie nichts!

b)  Sie kaufen keine unnötigen Sachen. Es bleibt mehr Geld für **Sie** übrig.

c)  Sie haben mehr Zeit für sich. Statt jeden Tag eine halbe Stunde oder noch mehr in den verschiedenen Läden rumzustehen, gehen Sie vielleicht zweimal pro Woche einkaufen. Das wirkt Wunder. Sie werden sehen.☺

Natürlich gibt es auch Sachen, die man sofort kaufen muss. Wenn Ihnen eine Zutat zu einem Gericht fehlt, macht es natürlich keinen Sinn drei Tage darauf zu warten. Aber mit ein bisschen Planung, würde Ihnen diese Zutat gar nicht fehlen. Und seien wir doch mal ehrlich, wieviele von den Artikeln, die wir meinen jetzt kaufen zu müssen, können nicht noch bis zum nächsten Einkaufstag warten?

# Sonstige Einnahmen

Häufig ist es so, dass gerade die Menschen, die glauben kein Geld zu haben, nebenbei arbeiten.

Dann passiert sehr häufig folgendes:

Sagen wir mal Herr Schmitz macht nebenbei ein bisschen Gartenarbeit. Bei Erhalt des Geldes wird meistens schon der erste Fehler gemacht. Das Geld für das Herr Schmitz schwer gearbeitet hat, wandert nämlich ins Portemonnaie und damit ist sein Ausgeben schon vorprogrammiert. Herr Schmitz stellt auf dem Nachhauseweg fest, dass eingekauft werden muss und außerdem zeigt die Tanknadel notorisch auf den roten Bereich.

Also mal kurz beim Laden halten, spontan einkaufen gehen (logischerweise ohne Einkaufszettel) und danach noch mal kurz tanken. Zuhause angekommen bemerkt Herr Schmitz, dass nicht nur das erarbeitete Nebenhergeld weg ist, sondern auch noch das Geld, was sich vorher in der Geldbörse befand. **Frust,** wofür hat jetzt Herr Schmitz eigentlich nach Feierabend noch was gemacht????

Das ist ein typisches Beispiel dafür, dass sehr oft mehrere Fehler auf einmal gemacht werden.

Besser wäre folgendes gewesen:

Da Herr Schmitz vor dem Weggehen von Zuhause wusste, dass Einkaufen angesagt war, wäre die Erstellung eines Einkaufszettels klug gewesen. Ebenso die Überschlagung der voraussichtlichen Ausgaben. Das Einstecken der Einkaufssumme sowie einen ausreichenden Geldbetrag für das Tanken, hätte zur Vermeidung des Frustes gesorgt.

Um etwas von dem Nebenhergeld zu haben, und sich selber moralisch aufzubauen, empfehle ich ein extra Glas für die Sondereinnahmen zu erstellen und das erarbeitete Geld sofort an Ort und Stelle in dieses einzufüllen.

Statt Frust hätte es dann eine Zufriedenheit mit sich selbst gegeben, da Herr Schmitz seinem gesteckten Ziel einen Schritt näher gekommen wäre.

Was macht es für einen Unterschied, ob Sie das Geld nachher oder vorher aus den Glas nehmen (z. B. hier für das Tanken)?

Es macht einen riesigen psychologischen Unterschied, ob Sie bewusst eine Entscheidung treffen, und eine Leistung mit Geld bezahlen, welches Sie dafür eingeplant haben. Sie spüren keinen direkten Verlust, denn schließlich war das Geld dafür gedacht. Wenn Sie die Leistung aber von Geld bezahlen, das dafür nicht gedacht war, haben Sie immer das Gefühl von Schulden.

Sie sollten grundsätzlich versuchen mit Ihrem regulären Einkommen auszukommen. Mehrarbeit befriedigt nur auf **Dauer**, wenn eine Wunscherfüllung dahinter steht. Eine tolle Reise zum Beispiel.

Jeder muss für sich herausfinden, ob ein solcher Wunsch eine Rechtfertigung für einen solchen Mehraufwand und Beschneidung von Freizeit wert ist.

Anders verhält es sich mit Sondereinnahmen z. B. der Lohnsteuerrückzahlung. Bei vielen ist dieses Geld schon von vornherein verplant. Oft um den überzogenen Dispo kleinzukriegen. Sie haben eigentlich nichts davon. Wäre es nicht toll, das Geld in Ihr Wunschglas einzufüllen? Oder wenn es ein höherer Betrag ist, auf mehrere Gläser aufzuteilen? Eine andere Alternative wäre, sich die zuviel gezahlte Lohnsteuer monatlich, zukommen zu lassen. Näheres in dem Kapitel:

Haushaltseinkommen durch Eintragungen auf der Lohnsteuerkarte erhöhen.

# Probelauf kontrollieren

Sie sollten sich einen Probelauf von einem Monat gönnen.
In der Regel gibt es zwei Kategorien in denen Ihre Planung fällt:
Entweder Sie kommen mit Ihrem Geld nicht aus, dann kommt sehr schnell der Gedanke des Umschichtens auf oder Sie haben Geld übrig.
Beschäftigen wir uns erst mal mit dem Umschichten:

**Wenn ich nicht auskomme, nehme ich es eben aus einem anderen Glas! Ein typischer Fehler!**
Umschichten bringt nichts. Sie betrügen sich nur selbst. Sie sollten vielmehr überprüfen, ob es ein einmaliger Ausrutscher war – oder ob eine Fehleinschätzung Ihres Bedarfs vorliegt. Außerdem hätte ein Umschichten auch zur Folge, dass Sie sich Bedürfnisse z. B. Kleidung betreffend nicht mehr erfüllen könnten. Sie hätten dieses Glas ja geplündert und sich selbst damit ein Bein gestellt. Denn wenn Ihre Schuhsohlen Löcher haben, müssen neue her und die Gefahr wäre groß, dass Sie außerplanmäßig mal wieder aufs Konto zugreifen würden.
Sollte kein Ausrutscher vorliegen - das Budget ein klein wenig nach oben fahren.

Es gibt aber auch das Gegenteil:

**Juchhu, ich habe Geld übrig☺**

Sollten Sie - und auch das kommt gar nicht so selten vor, Geld am Monatsende in den einzelnen Gläsern übrig haben, überlegen Sie schon vorher, was Sie damit machen würden. Wissen Sie noch nichts, legen Sie ein „Überschussglas" an und stecken Sie das Geld auch tatsächlich dort hinein. Sobald Sie wissen, was Sie für einen neuen Wunsch haben, beschriften Sie Ihr Überschussglas neu. Schon wieder eine Wunscherfüllung für Sie. Sie haben schon wieder geschafft, woran Sie vorher noch nicht einmal zu denken wagten.

Ihr Geldtag ist die Gelegenheit Fehler in Ihrer Planung aufzudecken um sie dann bei jedem weiteren Geldtag gnadenlos auszumerzen. Denn eines ist klar: Es wird einige Unstimmigkeiten in Ihrer Planung geben. Manche Gläser waren zu knapp bemessen, bei anderen blieb etwas übrig. Oder Sie stellen fest, dass es besser wäre, noch einige zusätzliche Budgetgläser einzurichten. Vielleicht ist Ihnen das Spontanitätsglas viel zu allgemein und Sie möchten es lieber noch mal aufteilen in ein Kneipen- und Kinoglas?

Oder Lebensumstände ändern sich. Sie ziehen um Ihre neue Wohnung, die ist preiswerter als die alte. Super es bleibt mehr Geld für Sie übrig. Mehr Geld für Ihre Ziele.☺

Ihrer Phantasie sind keine Grenzen gesetzt. Letztendlich zählt nur, daß Sie klarkommen und darüber hinaus Ihren Wunscherfüllungen näher kommen.

**Tipps und Tricks!**

Sie werden merken, je mehr Sie sich mit der Materie auseinandersetzen, um so creativer und phantasievoller werden Sie. Dabei kommen wirklich die verrücktesten Sachen raus.☺

Mein neuester Wunsch ist es mit meiner Frau nach New York zu fliegen.

Hätte mir jemand vor ein, zwei Jahren gesagt, dass ich diesen Wunsch mal in die Tat umsetze, hätte ich mir wohl an die Stirn getippt. Aber jetzt habe ich mein Glas, schön beklebt mit dem Empire State Building und schon einigem Inhalt.

Wie kommt das Geld ins Glas? Dieses Glas wird nicht regelmäßig bespart, sondern finanziert sich ganz alleine durch Einsparungen.

Gehe ich nun einkaufen, (natürlich nur mit Einkaufszettel) und fällt mir trotzdem etwas ins Auge, was ich interessant finde, nehme ich es in die Hand, schaue auf den Preis und mache folgendes:

Wir haben ausgerechnet eine Reise nach New York kostet für 5 Tage 1800 Euro. Das sind 7200 Minuten. Eine Min. New York kostet also 0,25 Euro.

Das Teil, was mich interessiert kostet 7 Euro. Das entspricht rund 14 Minuten New Yorker Luft. Ich nehme es in die Hand und frage mich: Was nun? Dieses Teil oder 14 Minuten New Yorker Luft? Für was entscheide ich mich wohl in der Regel? Meine Phantasie reist nach New York. Ich stehe auf dem Empire State Building und dieses Ding, was mich noch vor kurzem so brennend interessierte kommt wieder auf seinem Platz im Verkaufsregal, wo es einen anderen Käufer(in) finden wird.☺ Zuhause angekommen, stecke ich **sofort** meine "kostbare Luft" in mein Wunschglas. Schon wieder einen Schritt weiter.

New York wir kommen.

Seien Sie phantasievoll, um sich für Ihre Zielerfüllung immer wieder selbst neu zu motivieren, denn sonst tut es keiner.

In dieser Art können Sie jeden Wunsch besetzen. Sie wollen zum Beispiel einen neuen Computer. Sagen wir mal das gute Stück kostet 1000 Euro. Vor nicht allzulanger Zeit war diese Summe unerhört hoch. Ab sofort ist es ein leichtes für Sie. Sie könnten sich z. B. vorstellen, den Rechner in Einzelteile zu zerlegen (Mainboard, Festplatte, DVD-Laufwerk, Brenner usw.). Verteilen Sie die Kaufsumme auf die einzelen Bauteilgruppen. Sagen wir mal die Festplatte kostet 125 Euro. Haben Sie diesen Betrag zusammen, stecken Sie dieses Bauteil (eine Zeichnung / Skizze) in Ihr Wunschglas. Oder Sie zeichnen eine Skizze von Ihrem neuen Rechner und mit jedem ersparten Bauteil malen Sie Ihren Rechner bunt aus. So sparen Sie Bauteil für Bauteil zusammen. Ihr Rechner nimmt Formen an.

Geht Ihnen ein Licht auf? Jedes Bauteil bedeutet einen Schritt in der Verwirklichung Ihrer Erfolgsleiter, zu der Erfüllung Ihres Wunsches, zu Ihrer Zielerfüllung.

**Sie haben eine Strategie.**☺

Entwickeln Sie Phantasie. Erlaubt ist, was Sie motiviert, was Sie visualisieren können, das Sie zu Ihrem Ziel führt. Ich möchte Ihnen zeigen, dass ein Weg nicht immer nur geradeaus gehen muss. Es gibt viele Alternativen. Gestatten Sie sich, diese zu suchen. Verlassen Sie die ausgetretenen Pfade, suchen Sie den Weg, der für Sie richtig ist.

# Das Glas der erfüllten Wünsche

Nach jedem Wunsch, den ich mir erfüllt habe, nehme ich einen Zettel und beschrifte ihn mit dem erfüllten Wunsch. Dann öffne ich ein Glas, das nur dafür da ist, erfüllte Wünsche in sich herumzutragen.

Dieses Vorgehen kann ich Ihnen nur wärmstens empfehlen. Jedesmal wenn Sie mal nicht so gut drauf sind, nehmen Sie sich dieses Glas und erfreuen sich daran, wie toll Sie es geschafft haben, Ihre Finanzen in den Griff zu kriegen.☺

Ich bin übrigens jedesmal, wieder überrascht, wieviel ich mir schon geleistet habe.

Man vergisst sehr schnell, was man sich alles gekauft / geleistet hat. Eine Auffrischung baut auf.

Machen Sie mal nach einem Jahr die Probe auf's Exempel. Sie werden sich über Ihre eigene Leistung ein Loch in den Bauch freuen. Garantiert!!

Übrigens macht es noch viel mehr Spaß, wenn Ihre Familie dabei mitmacht. So werden Sie ganz nebenbei auch noch Lehrmeister für Ihre Kinder (falls Sie welche haben).

Wenn Sie es also schaffen, mit Ihren Finanzen positiv umzugehen, ist die Chance groß, dass Ihre Kinder es Ihnen gleichtun werden. Und das ist doch ein schöner Nebeneffekt, oder?☺

## Eigenes Konto oder Sparbuch?

Einige von Ihnen werden sich vielleicht denken, dass es eine große Versuchung ist, soviel Geld direkt greifbar in den Gläsern zu haben. Da gibt es schon einige Tricks um dieser Versuchung zu umgehen. Sie können z. B. ein eigenes Sparkonto für Ihr Wunschglas einrichten. Sie müssten dann zwar jedesmal zur Bank, wenn Sie Geld einzahlen wollen, allen Leuten in meinem Bekanntenkreis macht aber gerade das einen ungeheuren Spaß. Ist ja auch irgendwie logisch. Normalerweise zahlen Sie ja Geld auf andere Konten ein. Diesmal läuft das aber anders. Sie zahlen ganz bewusst Geld auf Ihr **eigenes** Wunschglaskonto ein. Das gibt manchem noch einen besonderen Kick. Statt eines Kontos könnten Sie aber auch ein Sparbuch nehmen. Wenn Sie sich ein kleineres Ziel erfüllen wollen, sagen wir mal in Höhe von 250 Euro, wäre das auch durchaus zu vertreten.

Sie könnten das Geld auch zur Aufbewahrung an jemanden geben, dem Sie absolut vertrauen. Sie sehen, dass sich viele Möglichkeiten ergeben. Sie haben viele Alternativen.

Was passiert, wenn das Geld nun auf dem Konto ist und das Glas ist leer? Wie können Sie sich trotzdem die Motivation erhalten? Sie könnten sich z. B. Zettel mit Summen beschriften oder selber Geldscheine anfertigen und diese stattdessen ins Glas stecken. Einige andere nehmen einfach die Einzahlungsbelege und stecken diese stattdessen hinein, oder Sie besorgen sich Spielgeld oder ...

Werden Sie creativ, lassen Sie Ihrer Phantasie freien Lauf.

# Geld macht Spaß!!

# Zinsen, Zinseszins und was es damit auf sich hat

Viele Menschen sind der Meinung, dass ein kleiner Prozentpunkt Unterschied bei der Gewinnausschüttung nicht allzu bedeutend ist. Auf einen kurzen Zeithorizont bezogen mag dies stimmen. Langfristig betrachtet ergeben sich aber erstaunliche Unterschiede. Grund: Der Zinseszins.

Das möchte ich gerne mal mit einem Beispiel belegen:

Wenn Sie heute anfangen würden 10 € pro Monat zu sparen und dieses 25 Jahre lang tun, hätten Sie bei einem Zinssatz von 5% einen Betrag von rund 5749 € erwirtschaftet. Bei einem Prozentsatz von 10 % wären es im gleichen Zeitraum 11890 € gewesen, also fast das Doppelte, obwohl die Einzahlungssumme bei beiden über 25 Jahre gleich hoch gewesen wäre (3000 €).

Um sich diese Tatsache noch etwas genauer vorstellen zu können, gibt es im Anhang dieses Buches einige Zinstabellen. Da können Sie spielerisch mal hochrechnen wieviel Geld, Sie sozusagen selbst produzieren können, ohne selbst noch etwas zusätzlich zu tun. Nur unter der Matratze darf es nicht liegen bleiben.☺

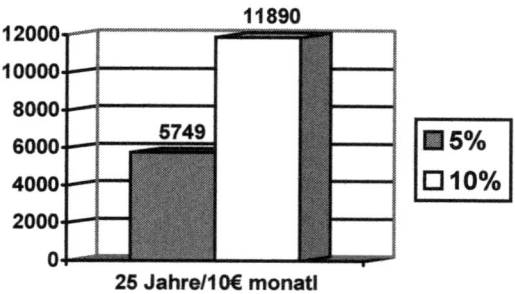

## Kurzfristige Ziele und mittelfristige Ziele / Geldanlage

Es ist erstaunlich, wieviel Geld die Menschen immer noch zu Hause oder auch auf dem Sparbuch aufbewahren.

Mit einer sinnvollen Geldanlage hat das nichts zu tun. Das Sparbuch hat den Sinn, immer kurzfristig ein paar Euro verfügbar zu haben. Wenn zum Beispiel die berühmte Waschmaschine kaputt geht oder der Fernseher den Geist aufgegeben hat. Sie sollten auf keinen Fall mehr als 500 € auf Ihrem Sparbuch haben. Sie bekommen nämlich nur 2 % Zinsen pro Jahr dafür. Allein die Teuerungsrate in den letzten Jahren lag schon über 3%. Anders ausgedrückt: Wenn Sie 100 Euro auf Ihr Sparbuch eingezahlt haben, erhalten Sie nach einem Jahr zwar 2 bis 3 Euro Zinsen darauf. Aber die Lebensmittel, die vor einem Jahr noch 100 Euro gekostet haben, kosten heute 103 Euro. Sie haben, wenn überhaupt, die Teuerungsrate (Inflation) aufgefangen. Von Gewinn kann da kaum die Rede sein.

Da gibt es bessere Alternativen.
Es gibt mittlerweile sogar Banken, die einen Guthabenzins auf Konten zahlen, der höher als der Sparzins des guten alten Sparbuches ist.
Legen Sie ein Termingeldkonto an. Das ist ein Angebot der Geldinstitute, bei dem Sie Ihr Geld kurzfristig zu etwas höheren Zinsen, als auf dem Sparbuch anlegen können. Die meisten Banken haben aber eine mindest Anlagesumme. Ab 500 € je nachdem welche Bank Sie bevorzugen. Zudem gibt es hier verschiedene Laufzeiten. Je länger die Laufzeit desto mehr Zinsen erhalten Sie in der Regel für Ihr Geld.☺
Diese Art der Geldanlage wäre zum Beispiel für mittelfristige Ziele (eine Reise durch die USA oder eine neue Wohnungseinrichtung) gut geeignet.

## Langfristige Ziele / Geldanlage

Sollten Sie auf eine größere Anschaffung ansparen z. B. Hausbau oder gar an Ihre Altersvorsorge denken, wäre auch ein Aktienfondsparplan nicht der schlechteste Tipp. Allerdings sollten Sie bedenken: Aktienfondssparpläne sind nur sinnvoll, wenn Sie vorhaben, diese mindestens 10 Jahre zu besparen. Länger wäre noch günstiger. Diese Art des Sparens bringt mehr Geld je länger Sie es anlegen wollen. Außerdem sollten Sie Geduld dabei haben, und den Aktienfondsparplan nur in einer Hochphase Ihres Aktienfondpakets (dann wenn es am meisten wert ist) auflösen (auszahlen lassen). Ein besonderer Anreiz dabei ist, dass ab einer Anlagezeit von einem Jahr, der Auszahlungsbetrag steuerfrei ist.

Falls Sie nicht wissen was Aktienfondssparpläne sind, hier ein kurzer Abriss: Es handelt sich hier um Sparpläne, die man mit einem Mindestbetrag von 25 € im Monat besparen kann. Für diese Einzahlungssumme werden Fondsanteile, deren Gesellschaft(en) Sie vorher ausgesucht haben, gekauft. Was ich daran interesant finde ist, dass es möglich ist auch einmalige Sonderbeträge einzuzahlen (z. B. das Weihnachtsgeld, Urlaubsgeld oder alle Beträge die Sie nebenbei noch erarbeitet haben). In der Regel sind Sie in der Lage, Ihre Aktienfondauswahl kostenlos zu verändern. Viele Direktbanken bieten diesen Service an.

Natürlich gibt es noch unzählige andere Geldanlageformen, die alle Ihre Vor- und Nachteile haben.

Nähere Auskunft über Geldanlagen erhalten Sie bei den genannten Geldinstituten, Beratungsstellen und Dienstleistern.

Jetzt haben Sie schon fast, den ganzen Budgetplan durch, doch über ein Thema möchte ich mich noch kurz auslassen und das ist die Altersvorsorge.

**Altersvorsorge**

Wenn man die Entwicklung in unserem Land verfolgt, müsste jedem klar sein, dass mit der Rente die wir zu erwarten haben, kein großer Staat zu machen sein wird.

Wenn Sie heute 40 Jahre alt sind, glauben Sie, dass Sie in 25 Jahren (dann wenn Sie in Rente gehen) noch den gleichen Rentensatz wie den heutigen erhalten werden?
Wissen Sie eigentlich, wie Ihre Rentenhöhe aussehen wird?

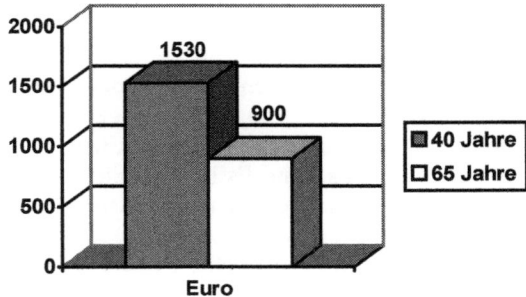

Hier mal ein kurzes Beispiel:
Wenn Sie momentan ~ 1533 Euro (das entspricht rund 3000 DM) Netto in die Hand bekommen, erhalten Sie nach der Rentenreform 1999, etwa 64 % vom Nettogehalt.
Von diesen 64 % werden dann noch Beiträge für die Kranken- und Pflegeversicherung abgezogen. Somit bleiben etwa 59 % übrig, die Sie aber nur dann bekommen wenn Sie 40 Jahre in unser Rentensystem eingezahlt haben. 40 Jahre!!! Erreichen Sie die überhaupt??
Wenn ja, können Sie sich mit einem Betrag von rund 900 Euro anfreunden.☹

Und mit der neuen sogenannten „Riesterrente" wird die ganze Rentengeschichte nicht einfacher. Noch mehr ist zu beachten. Zum Beispiel kann es ein, dass sich diese Art des Renten- ansparens für Sie gar nicht rechnet, sondern Alternativen her müssen. Gerade auf diesem Gebiet tut unabhängige Beratung not. Egal wie Sie es drehen und wenden, mit der normalen Rente lassen sich nicht unbedingt Bäume ausreißen oder glauben Sie, dass Ihr Lebensstandard wenn Sie im Rentenalter sind niedriger sein wird als heute?

Wollen Sie im Alter nur auf einem Fleck hocken bleiben oder wollen Sie noch aktiv etwas mit Ihrem Leben anfangen?

Wenn Sie zu der letzten Kategorie gehören, wie wohl die meisten, müssen Sie was tun. Je eher desto besser. Denn alle Rentenansparpläne arbeiten mit der Zeit. Das heißt je eher Sie anfangen desto höher wird die Endsumme Ihres Ersparten sein. Auch hier kommt nämlich der Zinseszins wieder ins Spiel. Das Angebot der Ansparpläne fürs Alter ist riesig. Wie schon mehrmals erwähnt: Nutzen Sie den Service der Verbraucherberatungen, lassen Sie sich von unabhängigen Beratern informieren, lesen Sie Finanzzeitschriften, gehen Sie in Büchereien, machen Sie sich schlau. Es ist Ihr Geld. Es ist Ihr Leben. Und bedenken Sie, auch Kleinvieh macht Mist.

Ich für meinen Teil habe ein recht einfaches System entwickelt. Immer wenn der Geldtag vorbei ist und alle Fixkosten abgebucht sind, lasse ich den Restbestand von meinem Gehaltskonto auf mein Konto bei meiner Direktbank überweisen. Dort wird dann diese Summe in einen Anlageplan angelegt.

Eine weitere Möglichkeit, seine monatliche Ansparsumme für seine spätere Rente zu erhöhen ist:

Sein Haushaltseinkommen durch Eintragungen auf der Lohnsteuerkarte zu erhöhen!

# Haushaltseinkommen durch Eintragungen auf der Lohnsteuerkarte erhöhen

Was relativ selten bekannt und demzufolge auch wenig angewandt wird, ist die Möglichkeit seine monatliche Steuerlast zu senken, indem man sich seinen Freibetrag auf die Lohnsteuerkarte eintragen läßt.

Wie das geht? Einfach ausgedrückt, ist das Ihre Lohnsteuerjahresrückzahlung, die auf die einzelnen Monate aufgeteilt ist. Bis jetzt haben Sie ja auch hoffentlich dem Finanzamt kein Geld geschenkt und Ihre jährliche Lohnsteuererklärung gemacht.

Wenn Sie diese steuermindernden Beträge schon vor dem Jahr, in dem Sie anfallen, kennen und nachweisen können, haben Sie die Möglichkeit, diese auf Ihrer Lohnsteuerkarte eintragen zu lassen.

Die Freibeträge müssen mindestens 613 Euro (1200 DM) im Jahr betragen um eingetragen werden zu können.

Beispiel: Sie fahren 25 km bis zur Ihrer Arbeitsstelle und arbeiten 220 Tage im Jahr.

10 km x ~ 0,36 Euro / 0,70 DM (Kilometerpauschale für die ersten 10 km) x 220 Tage = ~787 Euro / 1540 DM
15 km x ~ 0,41 Euro / 0,80 DM (Kilometerpauschale für jeden weiteren Kilometer) x 220 Tage = ~ 1349,80 Euro / 2640 DM

Macht ~ 2137,20 Euro / 4180 DM davon muß aber noch der Pauschalbetrag für Werbungskosten in Höhe von ~ 1022,58 Euro / 2000 DM abgezogen werden. Dieser ist nämlich schon in der Lohnsteuertabelle eingearbeitet.

In unserem Beispiel bleiben Ihnen dann noch 1114,61 Euro /2180 DM, die Sie als Freibetrag eintragen lassen können. Vorausgesetzt Sie können Ihre Ausgaben belegen, z. B. durch einen Lohnsteuerbescheid vom Vorjahr. Bei Eintragung der Freibeträge zahlen Sie dann schon im aktuellen Jahr Monat für Monat weniger Steuern.

So erhöhen Sie ganz legal Ihr monatliches Einkommen und verschaffen sich mehr Spielraum. Sie können dieses Mehrgeld aber auch in einem Sparplan anlegen und Zinserträge erwirtschaften. Logischerweise wird bei der Steuerrückzahlung der schon gewährte Steuervorteil angerechnet.

Versuchen Sie sich Informationen zu verschaffen. Gehen Sie zum Beispiel in Ihre Stadtbücherei, dort werden Sie bestimmt fündig. Eine weitere gute Quelle ist der „Ratgeber für Lohnsteuerzahler." Dieses kleine Büchlein liegt normalerweise den Formularen für Ihre Lohnsteuererklärung bei. Nehmen Sie sich die Zeit und lesen Sie das relativ leicht verständliche Büchlein. Es könnte Ihnen den einen oder anderen Euro bringen.

Aber aufkommende Fragen werden Ihnen sicherlich auch gerne von den Mitarbeitern Ihres Finanzamtes beantwortet.☺

Und schon wieder können Sie Ihrer Phantasie freien Lauf lassen. Es hat sich schon wieder eine Alternative aufgetan. Sie müssen nicht so weitermachen wie bisher. Sie können auch neue Wege gehen.
Was ist Ihnen lieber? Einmal im Jahr eine größere Summe z. B. für die Erfüllung eines langgehegten Wunsches oder wollen Sie vielleicht auf etwas anders hinarbeiten, vielleicht eine neue Wohnungseinrichtung? Vielleicht wäre es dann klug, das Geld monatlich in einem Sparplan einfließen zu lassen.
Sollten Sie vielleicht bisher, dieses Geld genommen haben, um irgendwelche Geldlöcher zu stopfen, so wird es Ihnen doch jetzt hoffentlich anhand dieses Buches gelingen, einen persönlichen, realistischen Geldplan zu erstellen.

**Sie schaffen das – fangen Sie an.**☺

Tun Sie was Ihnen gefällt. **Vergessen Sie nie – Es ist Ihr Geld!!!**

## Knausern – aber richtig

Ich stehe natürlich in Kontakt mit Menschen, die meine Vorgehensweise befolgen. (Mit Erfolg, wie ich gern erwähnen möchte.). Interessanterweise gibt es immer wiederkehrende Verhaltensmuster bei ihnen, die ich auch von mir kannte. Eine ist dabei besonders auffällig:
Nach einer gewissen Zeit neigt man dazu, knauserig zu werden. Sie werden das sicherlich auch bei sich feststellen. Sie überlegen mehr wofür Sie Ihr Geld ausgeben. Ob Sie dieses oder jenes wirklich brauchen. Das ist an sich auch richtig so. Aber anstatt das ersparte Geld zu nehmen und in unser Wunschglas zu stecken, neigen wir oft dazu einfach das entsprechende Budgetglas zu kürzen und dafür doch eher die Ratenzahlung höher zu setzen. Und schwups hat uns die alte Denkweise wieder eingeholt. Die Ratenzahlung wird höher bewertet als das eigene Ziel. Ihre Wunscherfüllung ist nicht so wichtig.

**Sie sind nicht so wichtig!!?**

Wenn Sie sich jetzt wiederfinden, trösten Sie sich, Sie werden sich noch öfter dabei erwischen, wie Sie versuchen in alte Muster zurückzufallen. Das ist nicht so schlimm, solange Sie es merken und es **korrigieren**.

Richtig knausern will gelernt sein. Überlegen Sie mal, wie lange Sie Ihre alten Muster benutzt haben, wie viele Jahre. Es ist doch klar, dass eine Umstrukturierung ein bisschen Zeit braucht. Ein bisschen Geduld von Ihrer Seite.

**Aber es lohnt sich!!!**

Also beim nächsten Knausern das ersparte Geld nehmen und ab ins Wunschglas. Dann war Ihr Knausern auch erfolgreich. Schon wieder einen Schritt auf Ihre Wunscherfüllung zu. Sie atmen tief ein und fühlen sich super.
Lassen Sie sich dieses Gefühl nicht von Ihrer Umwelt kaputt machen. Auch wenn Ihr Umfeld Sie vielleicht belächelt. Ihnen

wird das Lächeln auf dem Gesicht einfrieren, wenn Sie stolz Ihren erfüllten Wunsch präsentieren.
Erfreuen Sie sich an Ihrem Ziel☺

Sehen Sie sich nur Ihr Wunschglas an, es wächst. Bald werden Sie Ihre Reise oder was auch immer Sie sich als Ziel ausgesucht haben machen bzw. besitzen.
Glauben Sie, dass wenn Sie so weitergemacht hätten wie bisher, diesem Ziel auch nur ein bisschen nähergekommen wären?

# Wie (unerfüllte) Träume und Vorstellungen unserer Eltern und Freunde uns prägen

Wir alle wurden und werden immer noch geprägt von unseren Eltern und von unserer Umwelt. Es wird uns ständig vorgegaukelt, was denn so alles unbedingt erstrebenswert ist. Je öfter man das in die Ohren bekommt, um so selbstverständlicher wird es. Das geht so weit, dass manche Sachen einfach übernommen werden, ohne sie überhaupt in Frage zu stellen. Eines vorweg: Es geht hier nicht um das mies machen von den Träumen, die man hat. Ich möchte nur versuchen Ihnen vielleicht einen anderen Blick auf „Ihren Traum" zu geben, so dass Sie mit einigem Abstand sich die Sache noch mal angucken können. Aufgrund Ihrer Prioritätenliste stellen Sie dann fest, ob Ihnen die Verwirklichung dieses Traumes den entsprechenden Aufwand überhaupt wert ist.

Es ist wichtig, regelmäßig seine Wünsche und Träume auf Herz und Nieren zu prüfen. Sollten Sie Ihrer ehrlichen Überprüfung standhalten, ist doch alles super. Sie können dann mit voller Energie weiter auf Ihr Ziel zusteuern. Sollte Ihr Wunsch sich bei genauerer Prüfung als doch nicht so erstrebenswert herausstellen, haben Sie auch etwas für sich gewonnen. Die vorher dafür festgelegte Summe können Sie in die Sachen stecken, die Ihnen wirklich wichtig sind.☺ Wie Sie es auch drehen und wenden, Sie sind auf jedenfall der Gewinner.

## Schaffe, schaffe Häusle baue

Wer kennt das nicht? Ab einem gewissen Alter fangen viele an, von dem berühmten Häuschen im Grünen zu träumen. Es ist quasi nur noch eine Frage der Zeit, wann man denn endlich baut oder sich Eigentum zulegt.

Aber die wenigsten haben die richtige Grundlage dazu, und zuviel des Hauskaufs oder Hausbaus wird fremdfinanziert.

Ich möchte Ihnen den Spaß an diesen Plänen nicht nehmen. Ich hoffe lediglich, dass Sie durch das Lesen dieses Buches begon-

nen haben über Ihre Prioritäten und Ihre Lebensqualität nachzudenken. Es ist ein riesiger Unterschied ob Sie z. B. 500 Euro Miete zahlen oder 1000 Euro oder mehr in eine Hypothekenbelastung, zusätzlich vielleicht eine Rate fürs Auto und da sind vielleicht auch noch Kinder.
Löst sich da die Lebensqualität nicht ganz schnell in Luft auf?

Da kommt dann natürlich schnell das Argument, dass man mit der Miete nur dem Vermieter das Eigentum finanziert. Das ist zum Teil richtig. Eine Überlegung wäre also z. B. ein 2 oder Mehrfamilienhaus zu bauen oder zu kaufen, und an diesem Modell zu partizipieren. Allerdings sollten Sie dann nicht unterschätzen, dass Sie für alle Schäden im und am Haus schnell Abhilfe schaffen müssen. Geht z. B. ein Warmwasserbereiter bei einem Mieter kaputt, muß ein neuer her. Der Mieter dürfte kaum lange Geduld aufbringen.

Auf der anderen Seite sind die Belastungen für ein Haus ja nicht nur durch die monatlichen Hypothekenzahlungen da, sondern auch durch Grundsteuer, Abgaben an die Gemeinde, Versicherung, Heizkosten, Strom usw. Da kommen noch ganz schöne Zusatzkosten auf Sie zu.
Statistiken zu folge liegen die Betriebskosten für ein Haus zwischen 1,5 und 2 Euro pro Quadratmeter / pro Monat. Nicht bedacht ist hierbei, dass ja auch mal Instandsetzungen an dem Haus bzw. an der Eigentumswohnung getätigt werden müssen.
Also wäre es sinnvoll auch hier eine Rücklage anzusparen, sagen wir mal mit 50 € im Monat.
Wenn man das alles mal so hochrechnet, will es also gut überlegt sein, ob man sich in eine solche Situation für die nächsten 20 bis 30 Jahre begeben will.

*„Ja aber mein Haus ist doch auch eine Altersvorsorge!"* Dieses Argument stimmt auch nur bedingt, denn schließlich laufen die Kosten die außerhalb der Hypothek anfallen ja weiter. Sie wohnen nicht umsonst, wie es Ihnen die Werbung glaubhaft machen will.

Es wäre auch eine Überlegung wert, die mögliche Hypotheken-summe in einen oder mehreren Aktienfonds oder in eine andere Anlageform zu stecken. Lassen Sie sich mal von einem unab-hängigen Berater aufklären. Sie werden staunen wieviel Geld sich in 20 bis 30 Jahren ansparen lässt. Die Endsumme dürfte den Wert Ihres vergleichbaren Hauses bei weitem überschrei-ten.

Trotzdem gibt es natürlich auch Punkte die für einen Kauf oder Bau sprechen. Endlich Ruhe zu haben und einen Nagel auch Nachts um 3 in die Wand schlagen zu können. Einen Garten vielleicht, wo die Kinder guten Gewissens spielen können.

An die Kinder denken, ist gut, aber dann sollten Sie auch an sich denken, und an das Älterwerden. Davor können wir uns al-le nicht drücken. Haben Sie schon mal darüber nachgedacht Ih-re Badezimmer dementsprechend zu bauen? Oder haben Sie ge-nug Platz einplant um sich z. B. mit einem Rollstuhl in Ihrem gebauten Domizil zu bewegen? Wenn ein Notfall eintritt brau-chen Sie sich wenigstens über diesen Punkt keine Gedanken mehr zu machen.
Sich vorher Gedanken zu machen kann sehr viel Geld sparen, Ihr Geld!!

Es gibt eine ganze Menge zu bedenken.

Überprüfen Sie daher ganz genau: Erfüllen Sie nur einen My-thos oder ist es tatsächlich Ihr eigener Wunsch?


**Alternativen:**

Eine sehr schöne Alternative habe ich in meinem eigenen Um-feld erlebt. Da hat sich die Familie meines Schwagers mit einem Freund zusammengetan und ein Haus gemeinsam gekauft. Einer wohnt oben, der andere unten. Sie haben das Haus auch recht-lich in Eigentumswohnungen umgewandelt. So ist jeder für die eigene finanzielle Abdeckung verantwortlich.

Vielleicht haben Sie ja Familienmitglieder oder auch im Bekanntenkreis Interessenten für diese Alternative. Eine gewisse Kommunikationsfähigkeit sollte schon vorhanden sein. Bei meinem Beispiel war es dann auch noch so, dass die zwei Paare jeweils kleine Kinder hatten. Zum einen der Vorteil, der Spielkameraden, zum anderen kann man sich auch des öfteren den Babysitter sparen.

Aber auch wenn man zum Beispiel von einem Bauernhof träumt, ist diese Aufgabe mit einem Interessentenkreis sehr wahrscheinlich leichter zu verwirklichen, und mit Sicherheit auch ein ganzes Stück billiger.☺

Machen Sie sich auf die Suche nach Alternativen. Richtig ist was zu Ihnen passt!

 **Tipp!!**

**Um sich schon mal vorab über die Kosten eines Erwerbs oder Neubaus zu informieren und selbst mal zu überprüfen, ob Sie sich diesen Wunsch überhaupt leisten wollen, gibt es von den Beratungsdiensten der Sparkassen gute Infos anhand der Broschüre „Der Traum von den eigenen 4 Wänden – solide finanziert". Begleitend dazu ist auch eine CD-ROM mit dem gleichen Titel zu haben. Beides ist kostenlos. Die Adresse finden Sie im Anhang.**

## Das Neuwagensyndrom

Was sehen Sie, wenn Sie vor dem Fenster eines Autohändlers stehen und sich die neuen Modelle anschauen? Einen Gegenstand mit 4 Rädern der Sie von A nach B bringt oder projizieren Sie etwas in diese Wagen hinein? Uns wird ständig von den Autoherstellern vorgemacht, wenn Sie die Marke XY fahren erleben Sie absolute Freiheit. Die Marke YXZ symbolisiert vielleicht Eleganz und Erfolg. Jede Marke versucht Ihre Käuferschicht mit Symbolen in Verbindung zu bringen.
Letztendlich aber fahren Sie mit jedem Auto zum Einkauf und zur Arbeit.

In der heutigen Zeit ist es fast vermessen Menschen vorzuschlagen, auf den Wagen zu verzichten. Selbst ein Mensch in der Großstadt findet, dass ein Wagen einfach sein muß. Auch wenn das nächste Geschäft nur 5 S-Bahnminuten entfernt ist. Interessanterweise werden die hohen Kosten für einen Wagen in Kauf genommen. Egal ob Sie ein Gebrauchtfahrzeug oder einen Neuwagen fahren, die Anschaffungs- und Unterhaltskosten sind immens.
Bei einem Neuwagenkauf wird damit geworben, dass Steuern wegen der günstigen Abgaswerte gespart werden. Wenn dann der Wagen auch noch weniger Sprit braucht als der Vorgänger, sieht erst mal alles gut aus.
Tatsache aber ist, dass fast alle Wagen ganz oder teilweise finanziert werden und zwar von Banken und Hausbanken.

Ein Beispiel: Bei einem Wagen der unteren Mittelklasse von sagen wir mal 15000 Euro ergibt sich bei einer Laufzeit von 60 Monaten / 5 Jahren eine Belastung von 250 Euro plus Zinsen.
Aber damit nicht genug. Sie zahlen nämlich auch bei einem Neuwagen die Kosten für die Inspektionen, Ölwechsel usw. Sagen wir mal 250 Euro im Jahr, dazu kommen dann noch eventuell Steuer und nicht zu vergessen die Versicherung. Und da wird oft bei Neuwagen, eine Vollkaskoversicherung gewählt. Da kommt eine ganz schöne Summe zusammen. Gehen wir mal von 1000 Euro im Jahr aus. Das ist natürlich auch abhängig vom Autotyp und von der Anzahl der unfallfreien Jahre.

Dann haben wir aufs Jahr gerechnet (bei den ersten 5 Jahren) eine Belastung von 354,6 Euro / Monat!!!! Darin sind nicht die Reparaturkosten enthalten, denn ein Neuwagen heißt noch lange nicht, dass Sie vor Reparaturen gefeit sind. Und es sind auch nicht die Spritkosten mitgerechnet. Gehen wir mal davon aus, dass Sie mindestens 1000 km / Monat fahren. Der neue Wagen braucht 6 Liter bei einem derzeitigen Preis von 0,97 Euro, ergibt sich ein Spritgeld von 58,2 Euro. Ich fahre z. B. mindestens 2000 km pro Monat macht 116,4 Euro. Ich würde also schon 470,56 Euro zahlen. Und dann kommt da noch der Wertverlust. Denn logischerweise bekommen Sie nach einem Jahr Gebrauch nicht mehr soviel für Ihren Wagen, als wenn er noch neu wäre. Ein Wertverlust von 10 bis 20 Prozent in dem ersten Jahr ist normal!!! Im günstigsten Fall also 1500 Euro Verlust durch 12 Monate ergibt noch mal 125 Euro. Macht schon eine Summe von 595,56 Euro / Monat. Ohne Reparaturkosten!!!

Ihr Auto ist also sehr wahrscheinlich genauso teuer oder gar teurer als Ihre Wohnungsmiete.

Bei einem Gebrauchtwagen sieht die Lage ein wenig anders aus. Sagen wir, Sie kaufen sich einen Gebrauchten für 5000 Euro. Das wären bei 60 Monaten eine Summe von 83,33 Euro plus Zinsen. In der Regel werden Sie diesen Wagen nicht Vollkasko versichern. Rechnen wir mal als Beispiel mit 500 Euro Versicherung. Macht zusammen eine monatliche Belastung von 124,9 Euro. Legen wir wieder Wartungs- und Spritkosten wie oben zugrunde, kommen wir auf eine monatliche Belastung von 137,23 Euro plus 124,9 Euro = 262,13 Euro. Ohne Reparaturkosten.
Die können natürlich bei einem Neu- wie auch Gebrauchtwagen anfallen. Inwieweit Reparaturkosten bei einem Neuwagen unter Garantie fallen, ist bei den jeweiligen Autohändlern vor Ort zu klären.

Zwischen dem Neuwagen und dem Gebrauchten liegt also eine Geldspanne von 333 Euro.

Das ist schon eine Menge Zaster nur um das Neuste vom Neusten zu haben. 333 Euro die Sie nicht zu Ihrer Wunscherfüllung zur Verfügung haben! Monat für Monat. Ist Ihnen ein Neuwagen wirklich so viel wert??

Übrigens sind die ausgerechneten Werte noch wesentlich genauer zu haben, beim ADAC. Sie sind kein Mitglied beim A-DAC? Dann fragen Sie doch einen Freund der Mitglied ist, ob er Ihnen nicht die gewünschten Daten besorgen kann.

Besonders auffallend finde ich, dass immer mehr Familien mittlerweile zwei Autos besitzen. Wenn man die Beispielrechnung darauf anwendet kommt man auf eine gigantische Summe. Eine Summe die Ihnen fehlt, um Spaß zu haben, um in Urlaub zu fahren usw. usw.

Ist Ihnen das Auto wirklich so viel wert???

**Mein alter Wagen kostet nicht viel!**

Es gibt aber auch noch eine ganz andere Spezies Autohalter. Das sind diejenigen, die meinen, wenn sie ein altes Auto (älter als 10 Jahre) fahren würden sie Geld sparen. Dem ist nicht so. Hier mal ein Beispiel aus dem Leben eines Bekannten:
Er kaufte sich vor gut 2 Jahren einen Kastenwagen. Alter 8 Jahre, Kilometerstand rund 130.000 km für 1150 Euro. Der Wagen verbrauchte zwischen 7,5 und 8 Liter bleifreies Normal Benzin. Durch die Veränderung der Besteuerung im letzten Jahr zahlt er für diesen Wagen rund 270 Euro Steuer und rund 500 Euro Versicherung. Nach knapp einem Jahr ging die Zylinderkopfdichtung kaputt. Aber dabei blieb es nicht. Neue Radlager, Anlasser, Lichtmaschine, Batterie usw. mussten her. Alles in allem wurden in den Wagen 1800 Euro gesteckt. Das war noch günstig, da alle Reparaturen von einem Freund durchgeführt wurden. Jedes Mal wenn er ihn wieder abstoßen wollte, ging ein neues Teil kaputt. Es war zum Verrückt werden. Alleine der Kauf, die Wartungs- und Reparaturkosten beliefen sich also auf durch-

schnittlich 107 Euro pro Monat. (2570 Euro dividiert durch 24 Monate).

Außerdem fuhr er viel zu viele Kilometer pro Jahr. Aber wie sollte er sich einen neuen Gebrauchten leisten?

Er fragte mich um Rat und ich gab Ihm folgendes zu bedenken:

Sein Auto war ein Benziner und verbrauchte bis zu 8 Liter. Er fuhr rund 30.000 Kilometer im Jahr.

Was wäre, wenn er sich einen Diesel kaufen würde, der nur max. 6 Liter brauchen würde? Er dürfte natürlich nicht zu alt sein. Da war er ja mittlerweile ein gebranntes Kind. So bis zum Alter von 10 Jahren sollte man ein Auto fahren, dann werden erfahrungsgemäß die Reparaturkosten zu hoch.

Spritkostenberechnung:

**Altes Auto:**     8 Liter x 0,97 Euro / l = 7,76 Euro / 100 km
300 x 7,76 Euro        = 2328 Euro (Spritkosten für 30.000 km Jahresleistung)

**Neues Auto:**     6 Liter x 0,71 Euro / l = 4,26 Euro / 100 km
300 x 4,26 Euro        = 1278 Euro (Spritkosten für 30.000 km Jahresleistung)

Macht eine Ersparnis bei den Spritkosten von 1.050 Euro im Jahr bzw. 87,50 Euro im Monat.

Wie Sie sicherlich gemerkt haben, bin ich ein Gegner von Krediten, es sei denn, die Summe finanziert sich sozusagen von selber und spart darüber hinaus noch einiges mehr. Wie das?

Er machte sich auf mein Anraten hin bei den unterschiedlichen Banken schlau, wieviel Kredit er für eine monatliche Rate von rund 80 Euro im Monat (die gesparte Summe beim Spritverbrauch) bekommt. Er setzte als Zeitraum rund 60 Monate / rund 5 Jahre an. Bei der Postbank erhielt er über Internet ein gutes Angebot. Bei einem Zeitraum von 62 Monaten hätte er 4000 Euro erhalten.

Mit dieser Summe im Kopf machte mein Bekannter sich auf die Suche. Er hatte Glück und konnte einen Wagen mit Dieselmotor für diese Summe aufspüren. Er war erst 4 Jahre alt und nur 37.000 km gelaufen. Außerdem hatte er eine Anhängerkupplung und einen großen Dachgepäckträger. Mit anderen Worten, der war genau richtig. Die Verkäuferin wollte zuerst 4400 Euro für den Wagen, aber nach zähen Verhandlungen ging sie doch auf sein Angebot ein. Er ist sehr zufrieden mit seinem Gefährt. Und er hat nicht nur eine große Summe Spritkosten gespart, sondern auch viel Zeit und Geld für Reparaturen und Werkstattbesuchen, die mit seinem alten Mobil angefallen waren.

**Aber**: Diese Methode ist nur zu empfehlen, wenn man sein System schon einige Zeit erprobt hat. Eine Kreditaufnahme ist immer mit Vorsicht zu genießen. Die Autoanschaffung muss sich auf jedenfall selber tragen. Ansonsten betrügen Sie sich selber und das kann nicht Sinn der Sache sein.

**Alternativen:**

Es fällt uns Menschen schwer Alternativen zu finden. Allzu gerne bewegen wir uns auf bekanntem Terrain.

Nehmen wir zum Beispiel die Nutzungsdauer Ihres Fahrzeuges. Wieviel Stunden pro Tag benutzen Sie es wirklich? Eine Stunde? Angenommen ich hätte richtig geschätzt, dann bedeutet das gleichzeitig, dass der Wagen 23 Stunden unbenutzt ist.

*,,Ja aber ich will gerne spontan sein,"* lautet dann oft die Antwort. Warum fahren Sie dann nicht in einer Fahrgemeinschaft zur Arbeitsstelle und für die spontanen Fahrten leisten Sie sich ein Taxi.

*,,Ein Taxi? Ich bin doch nicht Krösus."* Nein, das sind Sie wohl nicht, aber Sie geben ohne zu zögern 250 bis 500 Euro oder vielleicht noch mehr, Monat für Monat für Ihren Wagen aus.

Wie oft brauchen Sie Ihren Wagen wirklich? Wenn Sie sich unsicher sind, führen Sie doch ein kleines Büchlein und halten Sie Ihre Fahrten fest.

Überlegen Sie mal, gibt es tatsächlich keine Alternativen?

Wie wäre es z. B. mit Car Sharing. Mittlerweile dürfte es in jeder größeren Stadt ein Unternehmen dieser Art geben. Man tritt dabei einer Gemeinschaft bei, zahlt eine Einstandsumme und wenn man einen Wagen braucht, die Mietgebühr plus Spritkosten. Dafür hat man immer einen Wagen, wenn man ihn braucht, und braucht sich um den weiteren Unterhalt und Instandsetzungskosten nicht mehr den Kopf zu zerbrechen. Das lohnt sich vor allen Dingen für Leute die nicht so viele Kilometer im Monat fahren.

Oder vielleicht können Sie sich ja mit einem Freund/Freundin ein Auto teilen? Sie brauchen es vielleicht für die Arbeit und sonst eigentlich gar nicht. Die Freundin / Freund braucht keinen Wagen um zur Arbeit zu kommen, hätte aber gerne mal die Möglichkeit nach Feierabend rumzudüsen.

Werden Sie creativ! Sie möchten gerne eine Fahrgemeinschaft bilden, aber in Ihrem Unternehmen findet sich kein geeigneter Teilnehmer? Haben Sie schon mal versucht eine Anzeige in einem Anzeigenblatt zu schalten? Oder einen Zettel an einer der unzähligen Pinwände in den Kaufhäusern gemacht?

Werden Sie phantasievoll. Bereichern Sie Ihr Leben mit Ihren eingesparten Mitteln, welche Sie dann zur Umsetzung Ihrer Ziele nutzen.☺

**Unser Kind soll es besser haben als wir**

Wir alle neigen dazu unseren lieben Kleinen all das zu ermöglichen, was wir meinen vermisst zu haben. Das sieht dann oft so aus: Kindergartenkinder haben eine Stereoanlage, Fernseher und Videorecorder in Ihrem Zimmer. In der Schule findet auch schnell ein Handy den Weg in den Tornister. Der erste Computer ist nicht mehr weit.

Ich frage mich dann oft, wie diese kostspieligen Sachen finanziert werden. Sie haben doch eigentlich gar kein Geld! Glauben Sie zumindestens. Ganz nebenbei, welches Bild vermitteln Sie damit Ihren Kindern?

Ihr Kind braucht sich ja gar keine Gedanken, über Wünsche und wie es die verwirklichen kann, zu machen. Es bekommt diese ja auch so erfüllt. Die „Arbeit" die dahinter steht, wollen Sie ja auch gar nicht Ihrem Kind zu teil werden lassen. Wir züchten uns eine Generation heran, die nicht mit Wunschvorstellung, Zielformulierung und am Ende eben auch nicht mit Geld im positiven umgehen kann.

Seinem Kind den Umgang mit Geld näher zu bringen ist eine Sache. Eine andere Sache, die immer noch oft sträflich vernachlässigt wird, ist die Tatsache, dass eine gute Ausbildung im späteren Leben Ihres Kindes von immens großer Bedeutung sein wird, und das diese eine Menge Geld kosten kann. Insbesondere wenn dann auch langsam aber sicher der Wunsch nach einer eigenen Wohnung, dem Führerschein usw. laut wird.

Wenn Sie vorsorglich etwas für Ihre Kinder tun wollen z. B. weil Sie Ihrem Kind eine gute Ausbildung ermöglichen wollen – legen Sie doch einen Teil des Kindergeldes von Anfang an in einem Sparplan an. Sie wissen ja, Kleinvieh macht auch Mist und 25 Euro im Monat machen bei 18 Jahren Laufzeit immerhin rund 7717 € und das bei nur 4 % Zinsen im Jahr, welche nun wirklich nicht so schwer zu bekommen sein dürften.

Sollten Sie zu den Risikofreudigeren gehören und Sie in einem Aktienfond mit 13 % Gewinn pro Jahr angelegt haben, kämen Sie auf stolze 18692 €.

Bei beiden hätten Sie selber 5400 € eingezahlt. Wie Sie sich auch entscheiden, der Gedanke, dass Sie in dieser Hinsicht vorgesorgt haben, wird Sie beruhigen.

**In wenigen Jahren zum DM-Millionär**

Der Aktienboom der letzten Jahre und das vermehrte Interesse der sogenannten Kleinanleger war ja gewaltig. Grundsätzlich ist eine Geldanlage auf diesem Gebiet durchaus zu empfehlen, allerdings nur mit dem richtigen Basiswissen.

Je höher die Aktienkurse insbesondere auf dem „neuen Markt" stiegen, um so toller wurden die Versprechungen.
Ich will nicht ausschließen, dass es tatsächlich schon Menschen gegeben hat, die in wenigen Jahren wirklich zum Millionär wurden. Davon gab es bestimmt schon einige, aber Sie sollten trotzdem versuchen die Kirche im Dorf zu lassen.

1)  Einen solchen Aktienkursanstieg, wie in den letzten Jahren, gibt es nicht immer.
2)  Sie brauchen eine Menge Kapital um auch mit Zinseszins eine solche gewaltige Summe in relativ kurzer Zeit zu erreichen.

Aber gut, nehmen wir mal an, Sie wollen 1 000 000 DM / 511291 € in zehn Jahren erreichen. Legen wir eine Rendite (Zinsertrag) von 13 % zugrunde. Es gibt Aktienfonds, die schon länger als 25 Jahre am Markt sind und die diese Ergebnisse erzielen. Da ich hier keine Werbung für irgendwelche Aktienfonds betreiben möchte, bitte ich Sie noch mal darum einschlägige Fachzeitschriften bzw. Fachleute zu Rate zu ziehen.
Bei unserem Beispiel müssten Sie rund schlappe 2295,70 Euro / 4490 DM  pro Monat anlegen, damit Sie auf Ihre Million DM kommen. (Bei diesen Berechnungen wird davon ausgegangen,

dass die Zinsen zum Jahresende gutgeschrieben und mit dem Kapital verzinst werden).
Ist doch geradezu ein leichtes, besonders für jemanden, der gerade versucht seine Finanzsituation in den Griff zu bekommen.☹

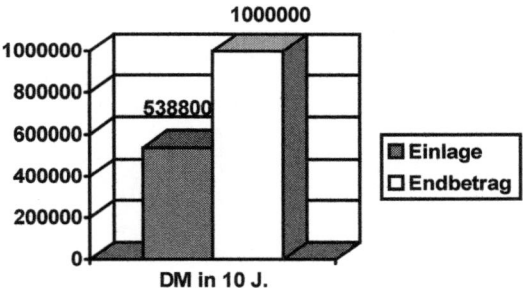

Sie müssen um 1 Million DM, bei einem Zinssatz von 13 % pro Jahr, in zehn Jahren zu erreichen, rund 275.484 € (oder 538.800 DM) in diesem Zeitraum investieren.

Wie gesagt es mag schon stimmen, dass einige wenige in relativ kurzer Zeit dieses „Ziel" erreicht haben.
Aber selbst Ihr hoffentlich gut informierter Berater bei der Bank sitzt immer noch hinter seinem Schreibtisch und nicht auf den Bahamas. Vielleicht ist die ganze Sache ja doch nicht ganz so einfach?☺

Auf jedenfall haben die Gurus der Branche das unendliche Potential erkannt, das in den Menschen in Form z. B. von Gier und Dummheit steckt. Und damit lässt sich wirklich sehr viel Geld machen.

Versuchen Sie für sich erst mal realistische Ziele festzulegen.
Das Ziel der Million müssen Sie ja gar nicht aus dem Auge verlieren, nur es wird wohl etwas länger dauern.
Sie könnten z. B. rund 40 Euro / 78 DM monatlich anlegen.
Wie ich auf 40 Euro / 78 DM komme? Nun vielleicht klingelt es ja bei Ihnen - genau das 936 DM Gesetz. Würden Sie diese 40

Euro bei dem zuvor besprochenen Zinssatz von 13 % anlegen bräuchten Sie 40 Jahre um rund 1 Million Mark / 511.291 Euro zu erwirtschaften. Meistens bekommen Sie von Ihrem Arbeitgeber noch 13,3 Euro / 26 Mark dazu. Ergibt eine Eigenleistung von 26,6 Euro / 52 DM. Das heißt, Sie würden über diesen Zeitraum von Ihrem eigenen Geld nur 12761Euro einzahlen.☺

Das wären rund 498.500 Euro / 975.000 DM Gewinn. Das ist doch mal was. Diese Berechnung beinhaltet übrigens nicht die jährliche Belohnung vom Staat in Form von Sparzulagen.☺

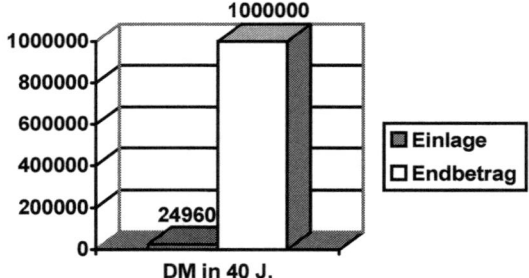

Gut, vielleicht haben Sie nicht mehr 40 Jahre Zeit. Trotzdem ist dies ein gutes Beispiel dafür, wie wichtig der Faktor Zeit beim Zinseszinseffekt ist.
Und ein nochmaliger Hinweis für Sie, nicht mit Ihrer Umsetzung Ihrer neuen Geldstrategie zu warten. Es kostet Sie nämlich schlicht Geld, **Ihr Geld.**

## Wie Sie Ihre(n) Partner(in) - Ihr(e) Kind(er) mit einbeziehen

Auch heute kommt es noch oft vor, dass die Frau für die Abwicklung des Unternehmens Haushalt verantwortlich ist. Also sind es auch vornehmlich Frauen, die diese neue Strategie ausprobieren. Da kommt es schon mal vor, dass der Partner sich quer stellt. Da bleibt Ihnen nichts anderes übrig, als ihn in der Praxis vom Gegenteil zu überzeugen.

Es könnte z. B. ein netter Anreiz sein, ein Wunschglas für alle Mitglieder der Familie zu erstellen. (Gemeinsame Wünsche sind zwar toll und sollten auch auf jedenfall berücksichtigt werden. Aber die Erfüllung ganz persönlicher Wünsche sollte nicht unter den Tisch fallen.). Die Zielsetzung sollte am Anfang dann so gestaltet werden, dass alle Parteien zum ungefähr gleichen Zeitpunkt Ihr Ziel erreichen.

Beispiel:

Partnerin wünscht sich ein neues Outfit / Kostenpunkt 180 Euro
Partner wünscht sich eine neue Festplatte für den Computer / Kostenpunkt 180 Euro
Kind wünscht sich ein neues Playstationspiel / Kostenpunkt 60 Euro

Man würde sich die Wünsche gerne in drei Monaten erfüllen.

Ergeben sich folgende Aufteilung bei dem monatlichen Geldtag:

Wunschglas Partnerin:    60 Euro
Wunschglas Partner:      60 Euro
Wunschglas Kind:         20 Euro

Sollten Ihnen die monatlichen Beträge zu hoch sein. Verlängern Sie einfach die Ansparphase.

Das Sie Ihr Kind auf diese Weise mit einbeziehen, hat den bestechenden Vorteil, dass Sie jetzt bei jeder Wunschäußerung Ihres Kindes, auf sein Wunschglas verweisen können, was ja befüllt wird ohne das es etwas dazu tun muss.

Außerdem sind Omas und Opas, Onkel und Tanten in der Regel auch noch da.

Vielleicht erstellt ja Ihr Kind noch ein neues Glas für dieses Extrageld und beklebt es mit seinem neuen Wunsch. Es sollte allerdings am Anfang nicht allzu teuer sein, damit das Kind auch das Gefühl hat, es erreichen zu können.

Helfen Sie Ihrem Kind bei **seiner** Wunschfindung. Denn auch bei Ihrem Kind gilt: Nur was es wirklich will, wird es ihm wert sein, dieses bis zum Ziel zu verfolgen.

Das Glas sichtbar aufzustellen hat übrigens einen tollen Effekt: Selten werden sich die Verwandten verabschieden, ohne etwas in dieses Glas gesteckt zu haben.

Sprechen Sie mit Ihrem Kind und erklären Sie Ihm Ihr neues System.

Ihr Kind wird es leicht verstehen und dabei spielerisch lernen Ziele zu formulieren und sie anzugehen.☺

## Aller Anfang ist leicht

So, jetzt haben Sie viel gelesen, bei einigen Sachen mit dem Kopf geschüttelt, aber und das hoffe ich, Sie haben auch mitbekommen, dass Sie Ihre Lebenssituation ein ganzes Stück weit selbst beeinflussen können.

**Wenn ich erreicht habe, dass Sie sich in Bewegung setzen und der Kauf dieses Buches Ihnen einiges Geld gebracht hat, war der Kauf doch gerechtfertigt!**

Je mehr Sie sich damit beschäftigen wird Ihnen klar werden, dass die Auseinandersetzung:

Geld = Geld für mich = eine Auseinandersetzung mit dem Leben und den eigenen Wünschen ist.

Es ist gar nicht so schwer, es gibt nur eine Sache die wirklich wichtig ist:

## Sie müssen anfangen!!!

PS::

Über Ihre Erfahrungen mit diesem System, würde ich gerne mehr erfahren. Kontakten Sie mich doch einfach (Adresse im Anhang).

Besuchen Sie meine Website: www.endlich-geld-fuer-mich.de

Treffen Sie sich im Forum und diskutieren Sie mit anderen Lesern. Tauschen Sie Ihre Ideen aus. Unterstützen Sie sich gegenseitig in Ihrem Bestreben, Ihre Geldsituation in den Griff zu bekommen. Kommunizieren Sie miteinander. Steigern Sie Ihre Lebensqualität.

# Zinseszinstabellen

Bei diesen Berechnungen und bei allen Berechnungen in diesem Buch wird davon ausgegangen, dass die Zinsen zum Jahresende gutgeschrieben und mit dem Kapital verzinst werden. Diese Tabellen wurden wie alle Berechnungen in diesem Buch sorgfältig recherchiert, bleiben aber ohne Gewähr für Richtigkeit und Vollständigkeit.

**Hier wachsen Ihre monatl. Einzahlungen von Ihrem Ziel**

| Jahre | 1 Euro 5 % | 1 Euro 10 % | 5 Euro 5 % | 5 Euro 10 % | 10 Euro 5 % | 10 Euro 10 % |
|---|---|---|---|---|---|---|
| 1 | 12 | 12 | 60 | 60 | 120 | 120 |
| 2 | 25 | 25 | 123 | 127 | 247 | 253 |
| 3 | 38 | 40 | 190 | 200 | 379 | 399 |
| 4 | 52 | 56 | 259 | 280 | 519 | 560 |
| 5 | 67 | 74 | 333 | 369 | 665 | 737 |
| 6 | 82 | 93 | 409 | 466 | 819 | 932 |
| 7 | 98 | 115 | 490 | 573 | 981 | 1146 |
| 8 | 115 | 138 | 575 | 691 | 1150 | 1382 |
| 9 | 133 | 164 | 664 | 820 | 1328 | 1641 |
| 10 | 151 | 193 | 757 | 963 | 1515 | 1926 |
| 11 | 171 | 224 | 856 | 1120 | 1711 | 2240 |
| 12 | 192 | 258 | 959 | 1293 | 1917 | 2585 |
| 13 | 213 | 296 | 1067 | 1482 | 2134 | 2964 |
| 14 | 236 | 338 | 1180 | 1691 | 2361 | 3381 |
| 15 | 260 | 384 | 1300 | 1920 | 2599 | 3840 |
| 16 | 285 | 435 | 1425 | 2173 | 2850 | 4346 |
| 17 | 311 | 490 | 1556 | 2451 | 3113 | 4901 |
| 18 | 339 | 551 | 1694 | 2756 | 3389 | 5512 |
| 19 | 368 | 618 | 1839 | 3092 | 3679 | 6185 |
| 20 | 398 | 692 | 1989 | 3462 | 3983 | 6924 |
| 30 | 800 | 1989 | 4002 | 9944 | 8004 | 19888 |
| 40 | 1455 | 5351 | 7277 | 26756 | 14553 | 53513 |
| Einlage | 480 | 480 | 2400 | 2400 | 4800 | 4800 |

Bei diesen Berechnungen und bei allen Berechnungen in diesem Buch wird davon ausgegangen, dass die Zinsen zum Jahresende gutgeschrieben und mit dem Kapital verzinst werden. Diese Tabellen wurden wie alle Berechnungen in diesem Buch sorgfältig recherchiert, bleiben aber ohne Gewähr für Richtigkeit und Vollständigkeit.

**Hier wachsen Ihre monatl. Einzahlungen von Ihrem Ziel**

| Jahre | 25 Euro 5 % | 25 Euro 10 % | 50 Euro 5 % | 50 Euro 10 % | 100 Euro 5 % | 100 Euro 10 % |
|---|---|---|---|---|---|---|
| 1 | 300 | 300 | 600 | 600 | 1200 | 1200 |
| 2 | 616 | 633 | 1233 | 1265 | 2465 | 2530 |
| 3 | 948 | 998 | 1897 | 1997 | 3793 | 3993 |
| 4 | 1297 | 1401 | 2594 | 2801 | 5188 | 5602 |
| 5 | 1663 | 1843 | 3326 | 3686 | 6652 | 7373 |
| 6 | 2047 | 2330 | 4095 | 4660 | 8190 | 9320 |
| 7 | 2451 | 2865 | 4902 | 5731 | 9804 | 11462 |
| 8 | 2875 | 3454 | 5750 | 6909 | 11500 | 13818 |
| 9 | 3320 | 4102 | 6640 | 8205 | 13280 | 16410 |
| 10 | 3787 | 4815 | 7574 | 9630 | 15149 | 19261 |
| 11 | 4278 | 5600 | 8556 | 11198 | 17111 | 22397 |
| 12 | 4793 | 6462 | 9586 | 12923 | 19172 | 25846 |
| 13 | 5334 | 7410 | 10668 | 14821 | 21336 | 29641 |
| 14 | 5902 | 8454 | 11804 | 16908 | 23607 | 33815 |
| 15 | 6498 | 9602 | 12996 | 19203 | 25992 | 38407 |
| 16 | 7124 | 10864 | 14248 | 21729 | 28497 | 43457 |
| 17 | 7782 | 12253 | 15563 | 24506 | 31127 | 49013 |
| 18 | 8472 | 13781 | 16944 | 27562 | 33888 | 55124 |
| 19 | 9197 | 15462 | 18394 | 30923 | 36787 | 61847 |
| 20 | 9958 | 17310 | 19916 | 34621 | 39832 | 69242 |
| 30 | 20010 | 49720 | 40019 | 99440 | 80038 | 198879 |
| 40 | 36383 | 133781 | 72765 | 267562 | 145530 | 535124 |
| | | | | | | |
| Einlage | 12000 | 12000 | 24000 | 24000 | 48000 | 48000 |

## Nützliche Adressen:

Bitte beachten Sie, dass alle Adressen sorgfältig recherchiert wurden, ich aber trotzdem keine Gewähr auf die aktuelle Gültigkeit geben kann.

Ein Wort zu den **Schuldnerberatungen**. In jeder Stadt gibt es in der Regel mindestens eine Institution die Schuldner berät. Das kann die AWO oder auch z. B. die Caritas sein. Da es da noch keinen Zusammenschluss gibt, sind Sie leider gezwungen bei Ihrer Stadt selber ein bisschen Recherche zu betreiben☹ Oder aber bei den folgenden Instutionen selber nachzufragen, ob sie in Ihrer Stadt vertreten ist.

### Arbeiterwohlfahrt Bundesverband e.V.

Oppelner Str. 130
53119 Bonn
Tel: 02 28 / 66 85-0
Fax: 02 28 / 66 85–2 09
Internet: www.awo.org

### Paritätischer Wohlfahrtsverband

Heinrich-Hoffmann-Str. 3
60528 Frankfurt
Tel: 0 69 / 67 06-0
Fax: 0 69 / 67 06-2 04
Internet: www.paritaet.org

### Deutscher Caritasverband

Karlstr. 40
79104 Freiburg
Tel: 07 61 / 2 00-4 18
Fax: 07 61 / 2 00-5 41
Internet: www.caritas.de

**Diakonisches Werk der Ev. Kirche**
Stafflenbergstr. 76
70184 Stuttgart
Tel: 07 11 / 21 59-0
Fax: 07 11 / 21 59-2 88
Internet: www.diakonie.de

## Verbraucherzentralen:

Es ist sehr wahrscheinlich, dass es auch in Ihrer Stadt eine
Zweigstelle der Verbraucherberatungen gibt. Entweder, Sie
schauen im Telefonbuch nach (was nur Zeit und kein Geld kostet) oder Sie rufen die jeweilige Zentrale in Ihrem Bundesland
an.
Wer Internet hat ...

**Verbraucherzentrale Baden-Württemberg**
Paulinenstr. 47
70178 Stuttgart
Tel: 07 11 / 66 91-0
Fax: 07 11 / 66 91-50
Internet: www.verbraucherzentrale-bawue.de

**Verbraucherzentrale Bayern**
Mozartstr. 9
80336 München
Tel: 0 89 / 53 98 70
Fax: 0 89 / 53 75 53
E-Mail: info@verbraucherzentrale-bayern.de
Internet: www.verbraucherzentrale-bayern.de)

**Verbraucherzentrale Berlin**
Bayreuther Straße 40
10787 Berlin
Tel: 030 / 21 48 50
Fax: 030 / 2 11 72 01
Internet: www.verbraucherzentrale-berlin.de

**Verbraucherzentrale Brandenburg**
Templiner Str. 21
14473 Potsdam
Tel: 03 31 / 2 98 71-0
Fax: 03 31 / 2 98 71-77
E-Mail: vz.brb@t-online.de
Internet: www.vzb.de

**Verbraucherzentrale Bremen**
Altenweg 4
28195 Bremen
Tel: 04 21 / 16 07 77
Fax: 04 21 / 1 60 77 80
E-Mail: verbraucherzentrale_bremen@t-online.de
Internet: www.verbraucherzentrale-bremen.de

**Verbraucherzentrale Hamburg**
Kirchenallee 22
20099 Hamburg
Tel: 0 40 / 24 83 20
Fax: 0 40 / 24 83 22 90
Internet: www.vzhh.de

**Verbraucherzentrale Hessen**
Reuterweg 51 - 53
60323 Frankfurt
Tel: 0 69 / 97 20 10-0
Fax: 0 69 / 97 20 10 50
E-Mail:. vzh@verbraucher.de
Internet: www verbraucher-zentrale-hessen.de

**Verbraucherzentrale Mecklenburg-Vorpommern**
Strandstr. 98
18055 Rostock
Tel: 03 81 / 4 93 98-0
Fax: 03 81 / 4 93 98-30
E-Mail: info@verbraucherzentrale-mv.de
Internet: www.verbraucherzentrale-mv.de

**Verbraucherzentrale Niedersachsen**
Herrenstr. 14
30159 Hannover
Tel: 05 11 / 9 11 96-01
Fax: 05 11 / 9 11 96-10
 E-Mail: vzn@compuserve.com
Internet: www.nananet.de/fmp/vznremote.html

**Verbraucherzentrale Nordrhein-Westfalen**
Mintropstr. 27
40215 Düsseldorf
Tel: 02 11 / 38 09-0
Fax: 02 11 / 38 09-216
E-Mail: vz.nrw@vz-nrw.de
Internet: www.vz-nrw.de

**Verbraucherzentrale Rheinland-Pfalz**
Große Langgasse 16
55116 Mainz
Tel: 0 61 31 / 28 48 0
Fax: 0 61 31 / 28 48 66
Internet: www.verbraucherzentrale-rlp.de

**Verbraucherzentrale Saarland**
Hohenzollernstr. 11
66117 Saarbrücken
Tel: 06 81 / 50 08 9-0
Fax: 06 81 / 50 08 9-22
Internet: www.vz-saar.de

**Verbraucherzentrale Sachsen**
Bernhardstr. 7
04315 Leipzig
Tel: 03 41 / 6 88 80 80
Fax: 03 41 / 6 89 28 26
E-Mail: vzs@vzs.de
Internet: www.vzs.de

**Verbraucherzentrale Sachsen-Anhalt**
Steinbockgasse 1
06108 Halle
Tel: 0345 / 2 98 03-29
Fax: 0345 / 2 98 03-26
**Auskunftstelefon: 0345 / 2 98 03-17**
E-Mail: vzsa@vzsa.de
Internet: www.vzsa.de

**Verbraucherzentrale Schleswig-Holstein**
Bergstr. 24
24103 Kiel
Tel: 04 31 / 590 99 0
Fax: 04 31 / 590 99 77
E-Mail: info@verbraucherzentrale-sh.de
Internet: www.verbraucherzentrale-sh.de

**Verbraucherzentrale Thüringen**
Eugen-Richter-Str. 45
99085 Erfurt
Tel: 03 61 / 55 51 40
Fax: 03 61 / 55 51 44 0
E-Mail: vz-thueringen@t-online.de
Internet: www.verbraucherzentrale-thueringen.de


**Fachzeitschriften und Broschüren**

**"Test" + "Finanztest"**
Stiftung Warentest-Vertrieb
Postfach 81 06 60
70523 Stuttgart
oder telefonisch zum Ortstarif:
0180 / 232 - 13 13
oder über das Internet unter:
www.stiftung-warentest.de


Ein Tipp: Mal bei der Bücherei nachfragen, ob diese Zeitschrift nicht im Sortiment vorhanden ist.

**Beratungsdienst der Sparkassen**
Postfach 2580
53015 Bonn
http://www.dsgv.de
Hier erhalten Sie alle im Buch genannten Materialien.

**Meine Kontaktadresse:**

P. Gerstorp
Am Entenfang 7
45481 Mülheim an der Ruhr

Fax: 0203 71 28 28 9

Internet:  www.endlich-geld-fuer-mich.de
Email: gerstorp@endlich-geld-fuer-mich.de

Dieses Buch hat Ihnen weitergeholfen und Sie möchten es auch Freunden zukommen lassen?
Sie können es selbstverständlich über den Buchhandel erwerben. Aber einen besonderen Pfiff bekommt Ihre Gabe durch eine Signatur. Auf Wunsch drucke ich auch eine frei von Ihnen formulierte Widmung auf eine separate Kartonkarte und signiere diese.

Bitte beachten Sie hierbei, dass die Widmung nicht länger als 160 Zeichen sein sollte.

Eine Vorlage sehen Sie auf den nächsten Seiten.

Sie können das Buch aber natürlich auch ohne Signatur und Widmung, direkt bei mir bestellen.

Kostenpunkt:

1 Buchexemplar **mit** Signatur und Widmung    15 € incl. Porto

1 Buchexemplar **ohne** Signatur und Widmung  10 € incl. Porto

Besteller:
Name:
Straße:
Postleitzahl:
Ort:

Empfangsadresse:
Name:
Straße:
Postleitzahl:
Ort:

Ich habe den Betrag von 10 € ☐ auf folgendes Konto überwiesen:

Ich habe den Betrag von 15 € ☐ auf folgendes Konto überwiesen:

Postbank Essen
BLZ: 360 100 43
Kontonr.: 570135 - 434

Ich habe den Betrag von 8,9 € / 15 € bar beigefügt ☐
(auf eigenes Risiko)

Widmungstext (max. 160 Zeichen):

_____

_____

_____

_____

_____

Empfänger:
P. Gerstorp
Am Entenfang 7
45481 Mülheim an der Ruhr

# WEBDESIGN

## ...der anderen Art!

# www.endlich-geld-fuer-mich.de

Nutzen Sie die Chance und tauschen Sie sich mit anderen Lesern im Forum aus!

Unsere Linkliste wird ständig aktualisiert. Vielleicht haben Sie ja auch selbst eine private Site erstellt, die sich mit dem Thema Privathaushalt / Finanzen beschäftigt? Wir nehmen Sie gerne in unsere Linkliste auf.